中公文庫

昭和史の大河を往く 6

華族たちの昭和史

保 阪 正 康

中央公論新社

目次

「吾輩は華族は皇室の藩屏《はんぺい》なりなどの陳腐なる議論に同意するものに非《あら》ず」（授爵を拒んだ原敬の言）

昭和史の大河を往く6

華族たちの昭和史

かつて日本に存在した「華族」という階級

明治十七年の華族令で制度化され昭和二十二年五月の現憲法施行までの六十数年、「皇室の藩屏」という役割を担った華族という階層。昭和前期を中心に、西園寺公望、近衛文麿など、華族たちの興亡を追う。

昭和史に限らず、近代日本に関心を寄せて史料を調べたり、多くの証言を求めていると、しばしば同時代人にしかわからない単語や表現に出会うことがある。さしずめ華族という語などがそうである。

天皇を主権者とする大日本帝国の政治システムや社会システムは、現在とはまったく異なっているのだから、その空間に存在する階層、階級、あるいはその社会的機能の受託者の役割にも比重の違いがあった。わたしは大日本帝国という時代とは一線を引いた戦後の空間で育ったから、その違いを確かめるたびに奇妙な感に打たれたことがある。

一例を挙げるが、内大臣だった木戸幸一に、わたしはある人物（木戸と親しい老齢の作家）を通して取材を申し込んだことがある。昭和五十二（一九七七）年のことだった。その作家はしばしば木戸と会う関係だったから、「いちどあなたの話を若い者（注・当時わたしは三十八歳だった）も同席させて聞かせてやりたい」と伝えたという。そのころわたしは昭和史を調べてみようと思いたち、それにはまず「東條英機」という軍人の評伝をいちど客観的に書いてみようと決めていた。それで関係者の間を取材して歩いていた。こうしたことをその作家は、木戸に伝えて取材に応じるよう説得したのである。

木戸幸一（1967年撮影）

ところが木戸は、東條について今はあまり語りたくないと答えたと聞かされた。ただし質問には応じるから、聞きたいことをメモにして示してほしいと答えてくれたという。そこでわたしは質問項目を提出したのだが、その折に昭和期の軍事指導者たちが華族に加えられる可能性があったのか、という質問を加えた。実は、真珠湾奇襲攻撃に日本海軍が成功した折に、陸海軍内部に「これで東條さんも近いうちに叙爵《じょしゃく》は間違いなしだな」という声があがったとわたしは聞かされていた。

そのことを木戸に確かめたかったのである。

その作家を通じての木戸からの言は、「もしあの戦争に勝利するようなことがあったなら、東條をはじめとして軍人たちは俺も華族にしろと大変な要求をつきつけてきたことはまちがいない（傍点・保阪）」という内容だった。「木戸さんの口ぶりでは、そういう徴候があの戦時下でもときにあったらしい。このことを説明するのに、大変な要求とか、そうなれば大変な時代になったというように、大変なという語を使って説明していたな」との補足もしてくれた。

これはわたしの推測になるが、あの戦争の勢いのいいときに、高級軍人たちは「爵位をだしてほしい」としきりに要求していたのではないか。木戸の言は、暗にそういうことを認めているように、わたしは受け止めてきたのである。

華族といい、あるいは爵位という語の響きは、俗に社会的高位にある者を指すかのような時代がかつてあった。昭和初期の新聞や雑誌に目を通していると、この華族たちの生活やその子弟の生活が、ときにスキャンダラスに報じられている。一方で、「皇室の藩屏《はんぺい》」というのが、華族を指す言葉として用いられているのだから、天皇や天皇制を守るための階級という意味ももたされていることもわかるのだ。

もとよりこの制度は、昭和二十年八月十五日の敗戦を機にその地位は弱まり、正式には昭和二十二年五月三日の憲法施行と同時に、法的にも廃止された。つまりこうした制度は、これからの日本社会では必要はない、その特権的立場は許さないとの強い態度で否定されたともいいうるのだ。

公卿、大名以来の華族と維新からの勲功華族

金沢誠・川北洋太郎・湯浅泰雄編『華族　明治百年の側面史』（昭和四十三年刊）は、当時存命中だった華族たちに話を聞いてまとめた書だが、一般にわかりやすく説明してあるのと、そのころの旧華族のなかでも最長老の人たちに具体的な話を聞いているのでわかりやすいとの特徴をもっている。本稿でもときに引用することになるのだが、まず華族とはどのようなものかを、この書で確かめておきたいのだ。

「華族とは、端的には一八六九年（明治二年）六月十九日に、当時の公卿《くぎょう》と諸侯を併合した際の呼称で、明治十七年の華族令により制度化された家系」という。もうすこしわかりやすくいうと、明治二年の版籍奉還《はんせきほうかん》の折にこれまでの公卿と諸侯をまとめて華族と称したというのである。もっとも公卿と諸侯を一括したうえで貴族という言い方をすることもあるというのだ。華族という語自体は、摂家《せっけ》に次ぐ家格の清華家《せいがけ》を指す語でもあったとい

うのだから、この語は広く天皇周辺の人たちには知られていたともいえるのだ。

明治初年代から十年代には、明治政府の基盤が固まっていくと同時に、爵位を欲しがる政治・軍事指導者たちがふえていったらしく、明治十七年に、宮内卿だった伊藤博文によって華族令が制定されている。そしてこの華族令によって、公《こう》・侯《こう》・伯《はく》・子《し》・男《だん》の五爵制が定められた。

この華族令によると、前述のような華族に加えて、国家の功労者に爵位を与えることが明文化された。新しいタイプの華族は、新華族、あるいは勲功華族と称されることになった。

十カ条から成る華族令には、「華族の定義に関する条文はなく、実際は爵位や叙爵に関する規定が中心である。爵位は天皇が授けること、爵位を公侯伯子男の5等に分けること、女性は爵位を相続できないこと」（原武史・吉田裕編『岩波　天皇・皇室辞典』）などが定められたわけである。

この華族令を制定した伊藤博文は、明治維新後、大名や公卿などがその特権的地位を奪われたのに不満をもっていることを肌で知り、なんらかの手を打たなければ天皇を中心とする政治権力も揺るぎかねないとの不安をもっていたという。こうした点で、伊藤はきわめて政治家としての直感を軸に据えて、現実的な理由からこの華族令をつくったわけである。

『天皇・皇室辞典』によると、この華族令ができるまでに、岩倉具視《ともみ》と伊藤との間に対立があったことが紹介されている。岩倉は、「家格・血統主義に基づく伝統的な秩序」を重んじるのに対し、伊藤は、「積極的に新華族を創設して新たな天皇制秩序」をつくっていこうと企図した。ここには千年余に及ぶ天皇家を守護してきた公卿たちの思いと、明治維新にかかわって新しく天皇家の守護者たらんとする政治・軍事指導者たちの意気ごみとの間に確執があったことが窺《うかが》える。公卿の側には、「この成り上がり者が」との感情があったといいかえてもよかった。

四人の側近と天皇の微妙な距離感

近衛文麿《ふみまろ》は、戦時下に学習院出身の華族の子弟たちに講話をするよう求められ、実際にその席にやってきた。こうした華族の子弟たちは、いわば新華族の子弟が多かったのだが、どのような気持ちで現在の状況にむきあえばいいのか、それを確かめたかったのである。ところが近衛は、「華族？　華族とは公卿のことですよ」とあっさり言い、それっきり話が進まなかったというのだ。これは前述の『華族』にも書いてあるのだが、近衛にすれば、新華族などは華族ではない、公卿以外が華族と称するのはおかしいとの原則的な立場を崩していなかったということにもなる。

ここには岩倉具視の考え方がよくあらわれているともいえる。

岩倉と伊藤の対立は、明治十六年に岩倉が死亡したために決着し、伊藤が主導権をにぎった形で華族令はつくられた。華族制度を考えるときのひとつの視点は、まさに新華族となる伊藤によって、伊藤の思うとおりに、イギリスに範を採った形で華族制度は日本に定着していったのである。

近衛文麿

わたしは昭和史、とくに昭和前期をみるときに、昭和天皇に影響力をもった側近として、近衛文麿、西園寺公望《きんもち》、牧野伸顕《のぶあき》、木戸幸一の四人の存在が重要だと思う。しかしこの四人の天皇に対する姿勢やその立場には微妙な違いがある。

近衛や西園寺は五摂家や清華家の出身であり、華族といっても公卿という立場である。千年余にわたって天皇家とともにあった側近の血筋を引いている。したがって、大仰な言い方をすれば、天皇家と運命を共にしているのであり、天皇に対しての助言にしても、「一心同体」との感を受ける。たとえば、近衛は首相として天皇の前に出たときも、他の首相や大臣はひたすら恐懼《きょうく》して上奏をしたり、允裁《いんさい》を求めるのに対して、そういう態度

牧野伸顕（左）と西園寺公望（右）

は採らない。（これは巷説《こうせつ》であるが）近衛は天皇とソファに向きあって座り、上奏を行ったり、議論をしていたというのだ。近衛ならば、確かにありうるのだ。

西園寺にしても、天皇に全面的に頼りにされていたにせよ、元老としての言を伝えるときはきわめて率直であり、そしてあの時代のなかでいかに天皇が傷つくのを恐れていたか、必死に天皇を守っていたかは今では容易に知ることができる。

それゆえにふたりは天皇と「一心同体」だったというのである。

対して牧野や木戸はどうだろうか。牧野は大久保利通の二男であるが、新華族の典型である。木戸にしても維新の元勲である木戸孝《たか》允《よし》の系譜を引いている。牧野や木戸は、昭和天皇からきわめて篤い信頼を受けた。もとよりふたりとも誠実にその職を全《まっと》うしたことは認めることができる。

しかし土壇場になったとき、牧野はこれからの時代に自分はついていけないとして、昭和十年十二月に内大臣の職を去っている。木戸は内大臣に就任（昭和十五年）してからは、天皇とともに激動の時代に身を置いたが、木戸、牧野にしても自ら仕える一代の天皇への思いが強い。さらに歴史的に重要なときであっても、天皇の意を忖度《そんたく》するより、この時代（昭和十年代ということになるが）での自らの立場に終始しつづけることになる。

わたしはこの代表的なふたりの新華族のなかに、庶民が天皇に接するときの原型がみえるように思うのだ。「歴史」よりも、その「時代」が優先されているといいかえてもいいであろう。

そしてこの四人のなかに、明治十七年の華族令制定にいきつくまでの岩倉と伊藤の対立が、それぞれの形で反映しているのではとも思うのだ。

戦争のたびに増加する勲功華族

華族令が制定されたあと、公侯伯子男の枠組み（序列化）が決められた。それによるなら「摂家を公爵、清華を侯爵、平《ひら》公家のうち従一位権大納言《ごんだいなごん》を伯爵、その他の平公家を子爵、庶流（分家）を男爵と定め、岩倉は平公卿、三条（実美《さねとみ》）は清華であるけれども、この二人は功労によって、とくに公爵を授けられた」（前述の『華族』）という。さらに諸侯華族として「徳川旧三家」「旧大藩知事（現米十五万石以上）」「旧琉球藩主」は侯爵に、「旧中藩知事（現米五万石以上）」などは伯爵に、そして「旧小藩知事（現米五万石未満）」は子爵にと定まった。

そのうえで伯爵には三万円、子爵に二万円、男爵には一万円の下賜金《かしきん》の意向が宮中からは伝えられてきた。

華族令が公布されたときは、合計で五百三十家に爵位が与えられている。このうち公卿・諸侯は五百一家であった。これに対して維新の勲功によって華族となった新華族は伊藤博文家、山県有朋《ありとも》家など二十九家であった。この二十九家は大体が明治維新に功労のあった薩長出身者やそれに協力した神職関係者などだったという。いわばお手盛りの叙爵だったということになるであろうか。

日清戦争、日露戦争と明治時代の軍事拡充が続いていくと、軍事関係者に男爵の爵位が与えられていった。新華族が勲功華族と呼ばれるのは、こうして具体的に「国家ニ勲功アル者」（「叙爵内規」）が対象になったからである。

華族令が発布されたとき、勲功華族はわずか二十九家だったのに、その数はふえつづけている。やがて一気に八十家近くになり、山県有朋や伊藤博文は伯爵からさらに陞爵《しょうしゃく》してもいる。ひとたび爵位をにぎった者はさらにその爵位を上昇させたいとの強い意気込みをもちつづけるのであった。そしてその爵位をなんとしても「わが子」に伝えなければと考えるようになる。この心情が昭和を誤らせることになったとの思いをもちながら、それぞれの華族たちが生きた「場」を訪ねていきたい。

近代日本史が凝縮した学習院初等科を訪ねて

皇太子時代の大正天皇に始まり、歴代の皇太子、皇族、華族の子弟がともに学んだ学習院初等科。愛子さまが入学式に臨まれた数日前、東宮御所にほど近い新宿区若葉にある同校を訪ね、校舎内を取材した。

学習院初等科の社会科研究部の先生たちが執筆、編集した『学習院初等科のあゆみ』と題する冊子がある。カラー写真などを使った四十八頁のB５判の学校案内である。この案内は学習院初等科の生徒のために編《あ》まれたようだが、そのなかに次のような記述がある。

「学習院のたんじょう日　学習院は、明治10年10月17日に華族の子どもたちのためにつくられた学校です。華族というのは、公家やもと大名とよばれたとのさまなどのことをいいます」

そして次のようにつづいている。

「学習院は、神田錦町《にしきちょう》という所につくられました。この時は、小学と中学の二つしかありませんでした。小学は6歳から14歳までで、男女いっしょでしたが、中学は14歳から22歳までの男子だけの学校として始まりました。開校したときの学生は、男子が196人、女子は59人でしたから、今からくらべるとずいぶん少ないことがわかります」

生徒用だからわかりやすいのだが、しかしこの冊子に書いてある内容は近代日本の華族という階層の教育史に通じている。わたしはこの冊子の頁を開きながら、小学校の案内がそのまま日本近代史のなかに位置づけられるのは、この学習院初等科しかないだろうとも思った。

平成二十（二〇〇八）年四月に入って、東京の天候は春らしくなったり、また寒さがぶり返したりと変化したのだが、わたしが毎日新聞出版局のAさんと東京・四ツ谷駅近くの学習院初等科を訪ねた四月四日は春そのものといった日和《ひより》で、街並みに桜の花がひらひらと舞ったりもしていた。十日には、敬宮《としのみや》愛子内親王の入学が予定されていた。その新学期が始まる前のある一日、初等科の一室で、教頭の今井猛氏から、この小学校と華族の関係を取材したのである。

冊子をもとに丁寧な説明を受け、そのあとに校舎の見学も許された。もっとも初等科の建物も明治二十三（一八九〇）年にこの地に移転してからもなんどか建て直されたり、新築された校舎もあり、いわば一般の小学校と変わらない。ただ中心にある建物は、現天皇が入学する折に建て直された校舎がそのままあり、実際に学ばれた教室は今も使われているということだった。

今井氏はこうした経緯を説明しながら、「学習院は華族のための学校ではありましたが、それだけではなく一般の人たちも入学していました。華族が特別扱いされていたわけではなかったと思いますが、皇族の方はそうした華族とは別な形で学ばれていたようです」ともつけ加えていた。わたしの見るところ、皇族の成績などは公開されることはなく、皇室と学習院は特別な関係にあったのだろうとも思う。

勅額と昭和天皇の「二〇三高地遊び」の光景

わたしはこの初等科内の空間を見ていて関心をもったのは、「學習院」という勅額《ちよくがく》（複製）が校舎内の式典に使われる正堂の正面に飾られていることだった。タテが一メートルほどになろうか、ヨコは五〇センチといったところだ。「學習院」と書かれたこの勅額は、明治十年に学習院初等科ができて以来、一貫して正面に掲げられていたのであろうか。

この勅額については、先の冊子には「（この勅額は）孝明天皇からいただいたものです。みなさんも見たことがありますね。正堂にこれと同じ物（複製）がかかげられています。京都の学習院はその後とりやめになりましたが、この額は、明治10年ふたたび明治天皇か

学習院初等科正堂内部（1940年撮影、毎日新聞社提供）

ら学習院創立の時にいただきました」とある。京都の学習院とは、一八四七（弘化四）年に、京都の御所の隣につくられ、孝明天皇が公家の学校として開いたもので、十五歳から四十歳までの学生がここで学んだのだという。この京都の学習院は明治三年まで続いたというのであった。

その後、前述のように明治十年に神田錦町に学習院ができたときに、明治天皇がこの勅額を学習院に下賜《かし》したという経緯がある。

もとより今正面に掲げられているのは、複製ではあるけれど、それだけの歴史の重みがあるというのは、孝明天皇、明治天皇、大正天皇、昭和天皇、そして今上天皇、皇太子とつづく天皇・皇太子の存在が学習院のなかにこだましていると考えることができるからかもしれない。

わたしはさして大きくはない正堂のなかでこの勅額が無言のうちに何ごとかを訴えているよ

うな感を抱いたのだ。学習院初等科で学んだ者は誰も、この勅額の記憶がのこっているであろう。

校舎を出てグラウンドに出てみたが、現在の東京は喧騒《けんそう》が気になる。この四谷という地は今も昔も東京の中心であり、高速道路や鉄道がその周辺を走っている。車が絶えることがない。そのために校舎は二重窓になっていて、騒音が教室に入らないようにしているというのだ。

その校庭の片隅に、小さな土の山があり、その下に池がある。この小さな山を二〇三高地と名づけて、その池を旅順《りょじゅん》港、そして黄海になぞらえて、昭和天皇が初等科在学中に率先して「二〇三高地遊び」を流行させたのだという。明治四十年代のことだ。誰がこの山に登るか、生徒たちは組んずほぐれつしながら二〇三高地をめざしての遊びを続けていたのだろう。

その盛りあがった小山を見つめていると、昭和天皇とその御学友たちの、今から百年以上も前の光景が浮かんでくる。この御学友の大半は華族の子弟であった。彼らはこうした遊びを通じて、昭和天皇との距離のとり方を学んでいったのではないか。昭和天皇もまたこの国が隆盛を極めていく時代を追体験したのではないだろうか。

つけ加えておけば、明治十年に神田錦町に建てられた学習院の校舎は、明治十九年二月の火事で焼けてしまった。一時は虎ノ門にある工部大学校に移るのだが、建物は古く修理が必要なので、明治二十三年に今の四谷に移ったという。学習院は開校当初こそ私立学校として出発したが、明治十七年の華族令により、この年から宮内省管轄の官立学校となっていた。四谷のこの土地は皇室の土地であり、ここには華族女学校があった。その一部を改築して初等科はできあがったと前述の冊子にはある。

この四谷の土地は、広さが六万七五五九平方メートルもあった。今は四谷周辺のこうした土地も公用地、私用地となっていて、現在の学習院初等科の敷地は、そのころの半分ほどではないだろうか。

この初等科の玄関を出て、そのころの広さを実感してみようと、四ツ谷駅側に立ってみたが、当時は四ツ谷駅近くまでの敷地をもっていたのではないかと思われるほどだった。

屈託なく遊び回っていた皇太子たち

明治十年に学習院ができてから十七年までの間、多くの華族の子弟が学んだが、このときの華族は公卿《くぎょう》と諸侯をまとめて指しているだけで、いわば明治十七年からの新華族、あるいは勲功華族はまだ華族といわれていなかった。それを踏まえたうえでみていくと、明治十年に在籍した生徒二百五十五人のうち華族は二百五人、華族以外の生徒は五十人だった。明治十六年の生徒を見てみると、二百四十一人で皇族が三人、華族が百五十六人、華族以外は七十九人、外国人が三人である。

こうみると、確かに華族の学校としてスタートしているが、当初から華族以外の生徒も受けいれている。もっともこの傾向はずっとつづいて、華族制度の研究家である浅見雅男氏は、「入学した者のほとんどは高級官吏や実業家、大地主などの子弟」だったとも書いている。

『華族　明治百年の側面史』は、昭和四十三年に刊行されているが、当時存命であった明治十年代に生まれた華族の長老たちの話を聞いて収めている。たとえば、明治十三年生まれの榎本春之助（榎本武揚《たけあき》の二男）は学習院初等科で大正天皇とともに明治二十年当時に学んでいる。その榎本が初等科時代の思い出を語っている。

「あの時分、運動の時間にはよく戦《いくさ》ごっこがあって、片方の大将が当時皇太子だった大正天皇で、もう一方の大将は伏見宮邦嘉王《くにかおう》殿下でした。（略）おそれ多い話ですが、私が殊の外（大正天皇の）お気に入りでして、正式の御学友ではありませんが、始終お相手に上がりました。内心、イヤだったんですが……。いつだったか、うかがっていた時に食事が出ました。私と殿下と二人だけで、ここにお机があり、殿下はそこ、私は一段低いここのところに居て、傍に勘解由小路《かでのこうじ》という侍従が居ました。お重箱に、お正月に食べるこのしいろみたいな、黄色いものがある。何だろうと思ってたら『コレ、タイノ眼ダ。オイシイヨ』と言ってつまんで下さった。鯛の目玉のわきのうまいところ、あれなんです。そのときはじめて食べたんで、今でも覚えてます」

皇族と華族は、初等科の時代からこうした交友関係ももっていた。やはり初等科で大正天皇の御学友だった甘露寺受長《かんろじおさなが》は、「(御学友は)全部で十三人いた。選ばれたのはみな華族ですけど、公卿は少ないな(注・甘露寺は公卿華族)。主に新華族と大名華族です。どうも、イタズラ者が選ばれているようだね。学校のできるのは、あまりいないんダ」と述懐している。

当時の生徒たちは、大体が赤坂とか青山に住んでいたらしく、学習院が最初に導入したランドセルを背負い半ズボンで通学するのが一般的で、学校の往き帰りには川で遊んだり、石投げをしたり、とにかく自由に遊び回るのが楽しみだったというのだ。

そういう記録を見ていくと、明治十年代、二十年代の学習院初等科の生徒たちは屈託なく、いわば自らの意のままに時をすごすことができたということだろう。むろん家に戻れば、使用人が大勢いるなかで「お坊ちゃま」として育ったのだろうが、そういう空間での体験が天皇の藩屏《はんぺい》といわれる気質をも育《はぐく》んでいったのかもしれない。

時代とともにかわっていった空気

学習院では、学級の先生のことを主管とよび、六年間同じ学級を受けもつのが慣例だという。ただし「英語、書き方、図画、手工、唱歌、体操」は専門の先生が受けもつことになっている。華族としての恥ずかしくない教養、そして生活態度を小学校時代から教えることになっていたという。だが先述した榎本や甘露寺の証言などを確かめていくと、学校内のそうした方針とは別に、彼らは帰宅後は華族の子弟らしいすごし方を模索していたともいえるようであった。

その一方で、大正天皇が皇太子時代の明治二十年に学習院初等科に入学したのを機に、皇族たちは男子が学習院、女子は華族女学校（明治三十九年より学習院女学部、大正七年より女子学習院）に通うのが慣例になった。学習院を嫌う皇族もいたが、ほとんどはこの慣例に従った。大正十五（一九二六）年に「皇族就学令」が制定され、学習院通学は義務となった。同時に男子の皇族は陸海軍の軍人になることが暗黙の諒解になった。

そのために学習院の初等科を卒業しても、中等科に僅かの期間在学し、陸軍幼年学校などへ進学していった。一般の華族でも、こうして陸海軍の軍人になる者と、学習院から東京帝大、京都帝大に進み、官僚の道に進む者とに分かれていくことになった。皇族は軍籍をもつことで、統帥権をもつ天皇を補佐するもっとも近い位置にいる存在であることを明らかにし、華族は軍人や官僚になることでやはり天皇の補佐役を任じることになったのである。

学習院初等科の役割も、校内の空気もまた時代とともにかわっていったという意味であった。

前述の学習院初等科の冊子には、昭和初年代の初等科の様子も書かれている。「初等科の子どもは、帰ったあと近所の子どもと遊ぶことが少ないので、2年生以上に、学年ごとに曜日をきめて放課後のいのこりをしていました。なるべく運動をすることがすすめられて、野球・テニス・キックボール・輪まわしなどをして遊びました」とある。初等科は皇族や華族の子弟たちが初めて世間に接するときの空間であった。この空間には一般の教育機関と異なる歴史の流れが伝わっている。

校庭の東側に皇族専用といわれる門がある。ここは東宮御所と道路を挟んでわずかの距離である。四月十日、愛子さまは初等科に入学したが、昭和天皇をはじめ何人かの皇族がこの間を徒歩で通学したのだろう。

わたしは本書で、華族たちのさまざまな昭和史を語りながら、ときにこの初等科にもふれていきたいと思う。

乃木、山梨勝之進、軍人出身の歴代学習院院長たち

乃木希典をはじめ七人の軍人出身者が学習院の院長に就任している。明治天皇より皇孫教育を託された乃木の教育方針は華族や皇族の子弟が学ぶ学習院にどのような影響を与えたのか。

学習院と華族の関係について稿を進めていきたい。

華族の歴史は、学習院の歴史と深くかかわっているわけだが、とくに院長の名とその役割を見ていくと、それぞれの時代がどのような意味をもっていたかがわかる。明治十（一八七七）年から華族制が廃止されるまでの七十年間に学習院の院長は十八人であった。その名は、以下のようになる。

立花種恭《たねゆき》／谷干城《たてき》／大鳥圭介／三浦梧楼《ごろう》／岩倉具定《ともさだ》／田中光顕《みつあき》／近衛篤麿《あつまろ》／菊池大麓《だいろく》／山口鋭之助／乃木希典《まれすけ》／大迫尚敏《なおはる》／北条時敬《ときゆき》／一戸兵衛《ひょうえ》／福原鐐二郎《りょうじろう》／荒木寅三郎／野村吉三郎／山梨勝之進／安倍能成《よししげ》

この名簿を見ているとすぐに軍人がいかに多いかに気づく。谷干城、三浦梧楼、乃木希

典など明治陸軍を語るときには忘れてならない軍人が含まれている。大迫、一戸、さらには野村や山梨などの名もそれぞれの役割をもって語られている。とくに野村は昭和史を語るときに、対米戦争にゆきつくまでの駐米大使として常に重い意味をもって記述されている。山梨は海軍軍人だが、敗戦直後にＧＨＱ（連合国軍総司令部）との交渉のなかで、天皇制下の民主主義体制を模索した宮廷官僚としての役割も果たした。

この七人の軍人出身者のほかに、小田部雄次著の『華族　近代日本貴族の虚像と実像』は、帝大総長経験者（五人）が多いことを指摘している。こうした学者（菊池、山口、北条、福原、荒木）は数学者、物理学者、生化学者など「理数系の教授」が大半を占めている。華族の子弟の教育は、近代日本の歩んだ道、つまり軍事によるこの国の振興、あるいは科学技術による技術立国への貢献のふたつの進路を企図していたのかもしれない。

小田部は、この書のなかで軍人出身の院長を見るときに三つの時代に分けることができると指摘している。第一期は日清戦争までの十年ほどとなるが、これは谷や三浦の時期であり、第二期は日露戦争後の乃木や大迫、一戸の時期、そして第三期は日中戦争の始まった以後の野村や山梨の時期であるという。「この三時期のあいだに、宮内省高等官や帝大総長、教育関係者が院長をつとめた」と分析している。なるほど、とうなずける。

もっとも第一期はどちらかというと維新戦争を経験した軍人、第二期は忠臣の誉が高い、第三期は海軍の開明派ともいうべき布陣なので、そこに華族への期待やその役割が如実に反映しているともいえるだろう。

こうした軍人たちはもちろん新華族、あるいは勲功華族といっていい。明治十七年の華族令のあとに、叙爵された軍人がいかに多いかということも裏づけられるのだ。日清、日露戦争のあとに爵位が次々と乱発され、それが軍事指導者たちの功名争いを生んだことは容易に想像できる。日清戦争後の叙爵は陸軍が二十六人、海軍は四人という。陸軍では桂太郎や川上操六が、海軍では伊東祐亨《すけゆき》が子爵となり、のこりは男爵であった。この男爵のなかに学習院の院長となる乃木希典が含まれている。

今も伝承される游泳の赤ふんどし

日露戦争後の叙爵は陸軍の軍人が四十二人であった。寺内正毅《まさたけ》だけが子爵になり、のこりは男爵だった。海軍は東郷平八郎が破格の伯爵となっている。のこりの日高壮之丞など二十六人はいずれも男爵となった。

このほかに日露戦争後の陸軍の陞爵《しょうしゃく》者についていえば、たとえば侯爵だった大山巌《いわお》と山県有朋は公爵となっている。このほか桂太郎など十五人が爵位を上げている。海軍でも山本権兵衛など三人の陞爵者がいる。つけ加えておけば、乃木は日清戦争後に男爵を受けているが、日露戦争後に伯爵となっている（これらのデータは主に前述の小田部書による）。

日露戦争後の官僚の叙爵は六人に過ぎない。軍人が優遇されていることはあきらかだった。日中戦争や太平洋戦争下で、軍事指導者たちはこの戦争が終われば、自分も爵位をもらうことができるだろうと皮算用したというのも容易にうなずける。

もしかすると、太平洋戦争を爵位めあてで戦ったのではと勘ぐりたくもなるのだ。

乃木希典

二人の息子を戦場で喪《うしな》った乃木は、明治天皇から「おまえに多くの子弟をみてもらいたい」ととくべつに要請されて明治四十（一九〇七）年一月に学習院の院長に就任したとのエピソードがのこっている。乃木は、昭和天皇が初等科に入学したときの院長でもあったが、とくに質素を心がけるように常に助言していたというのはよく知られた話である。乃木は、明治天皇の崩御のあとの大葬の日（大正元年九月十三日）に、自宅で殉死している。この殉死の際は学習院の院長に在任中であった。

「乃木さんのときの名ごりともいえますが、今も初等科では男子が七月二十六日から三十日まで、女子は八月一日から五日まで、沼津の游泳場での游泳があります。ここで行うことは乃木さんがお決めになったのですが、男子の赤ふんどしもそのときから今もつづいています。私たち教師も游泳に参加しますが、年を経るとボートに乗って生徒たちの游泳を見守る役に回るなど全員がなんらかの形で参加しています」

学習院大学キャンパスにある乃木大将が院長時代に住んでいた乃木館（読売新聞社提供）

と教頭の今井猛氏は話している。こうした伝統には、体力の鍛錬、さらには強い精神力を涵養《かんよう》するとの意味があるのだろう。院長の個性が形を変えて伝わっているように思われるのだ。

　乃木は学習院の院長時代にしばしば参内《さんだい》して明治天皇に会っている。皇孫教育の内容について、あるいは成績がどのような状態にあるかなどを報告していたといわれている。実際に乃木は、学習院初等科の生徒たちに、院長訓示十四項を発して、きわめて独特な教育を行った。この訓示のなかには、たとえば第一項では、「口ヲ結べ、口ヲ開イテ居ルヤウナ人間ハ心ニシマリガナイ」とあった。第二項では「眼ノツケ方ニ注意セヨ、終始キヨロキヨロシテ居ルノハ心ノ定マラナイ証拠デアル」という内容であった（『学習院百年史』）。
こうした教えは、乃木流の華族の子弟教育ということになるのだろうが、ここからはいかにも乃木らしい謹厳な人間像が浮かびあがってくる。昭和天皇は後年になっての記者会見の席で、「乃木院長の教えは参考になり、自分も守っている」と述懐したことがあるが、院長訓示を自らの行動の指針にしたともいえるのではないだろうか。

さらに乃木は殉死の前に皇孫御殿で、昭和天皇にだけ会い、風呂敷に包んだ二冊の書をとりだしそれを手わたししている。山鹿素行《そこう》の『中朝事実』と三宅観瀾《かんらん》の『中興鑑言』であった。この書の概説を説明し、「御成人にあそばされ、文字に明るくおなりにあそばしたときは、必ずお読みくださいますよう」と諭したという。

ここには君主の心がまえが書いてあるというのであった。

乃木のその人生の軌跡や心情をなぞっていくと、自らも叙爵したこともあり、「天皇の藩屛《はんぺい》」という意識はきわめて強かったことがわかる。みずからの責務は、明治天皇その人への帰依ともいうべき尊敬の念により、殉死という心情の底には「藩屛」としての義務、あるいは忠誠心の発露という心情があったとみるべきだろう。

学習院のイメージを変革した院長

歴代の院長からもう一人挙げるとすれば、敗戦時にその職にあった山梨勝之進であろう。山梨は単に学習院の院長というだけでなく、海軍の人脈を通じて、マッカーサー周辺のGHQの要人と内々に連絡を取り、天皇制温存のための具体案を模索している。たとえばGHQの民間情報教育局長のダイク大佐や学習院の英語教師として採用したイギリス人、ブライス（現天皇への英語教育を行うことになっていた）といったルートを通じて、天皇と国民の関係についてのなんらかの声明を発する必要があるとの情報を得て、「人間宣言」（昭和二十一年一月一日に発せられた勅語「新日本建設ニ関スル詔書」）への道を開いている。

つまり天皇と国民の関係がとくべつに神格化を企図して結びついているのではなく、相互に信頼にもとづいているとの声明文づくりにも協力している。「朕《ちん》ト爾《なんじ》等《ら》国民トノ間ノ紐帯《ちゅうたい》ハ、終始相互ノ信頼ト敬愛トニ依《よ》リテ結バレ」という一節にその努力があらわれている。

このほかにも山梨の後任である安倍能成のように、教育者として学習院のイメージを変えていく役割を果たした院長もいる。安倍は貴族院議員や幣原内閣の文相なども務めた。昭和二十一年十月から四十一年六月までの二十年余にわたって、院長のポストにあり、現天皇をはじめ、皇族の教育にあたって戦後民主主義の規範やその思想を教えた。

学校案内の冊子『学習院初等科のあゆみ』には、戦後の学習院の変化を次のように書いている。

「昭和21年、安倍能成先生が院長となり、新しい学習院をつくるじゅんびが始まりました。そして、昭和22年3月31日、宮内省の学習院と女子学習院はいっしょになって、新しく私立の学習院（財団法人学習院）となりました。この年、5月には京都に学習院ができてから101年目のおいわいの式が初等科で行われました」

昭和二十一年三月には、現在の天皇が初等科を卒業している。昭和二十二年からは初等科の一、二学年は男女共学になった。そしてこうした新しい学習院を象徴することとして、院長の安倍によって新たに「院歌」がつくられた。この院歌は四番まであるのだが、その一番は、

もゆる火の火中《ほなか》に死にて
また生《あ》るる不死鳥のごと
破《や》れさびし廃墟の上に
たちあがれ新学習院

というのである。そして三番の歌詞には、「なげかめや昔を今と」という一節がある。この歌詞の意味は、「今に比べて昔はよかったなどとなげいてはいけない」とのことだと

『学習院初等科のあゆみ』のなかでは説明されている。新憲法施行のもと華族制は廃止になったことを嘆いていてはいけないとの意味でもあろう。こうした一節に、新しい時代にこの教育機関の意気ごみが宿っている。

明治の人づくり、戦後の人づくり

乃木と安倍の名を並べてみると、そこにはさまざまな違いがある。むろん軍人と生粋の教育者という違いがもっとも大きいのだが、乃木に代表される明治という時代の「人づくり」と戦後の「人づくり」がまったく異なっていることがわかる。学習院が皇族や華族の子弟の教育機関だった時代の人づくりと、一般に開放されての教育機関での人づくりの違いといってもよい。どちらがいいとか悪いというのではなく、学習院という教育機関の存否という視点から見る限りでは、そのときどきにそれぞれにふさわしい院長が生まれていたということになる。

安倍が初等科の生徒たちに説いたのは、「正直と思いやり」だったと、華族制度の研究家である浅見雅男氏は書いている。現在の天皇が学習院大学で学んでいたときに外遊によって単位が取得できなかったことがあったが、安倍は進級を認めなかったという。「皇太子だからと特別扱いはできない」と原則を曲げなかったというが、そういう剛直さが逆に戦後の学習院の骨格になったともいえるだろう。

今、四谷にある学習院初等科の門に立って、この国の華族制度に思いを馳《は》せても具体的なイメージはわいてこない。一般の小学校と同じような質素で、そしてとくに目立たぬ佇《たたず》まいである。

しかし、近代日本のある時期、自らも爵位を受けようとした軍人や官僚たちは、ここに子弟の教育を託してハクづけを求めたのだろうと想像される。実際に華族になれるか否かは、戦争とか国家危急のときの活躍が条件になるのだが、太平洋戦争の終結直後に華族令の廃止が議会で論じられたときに、「華族制度があると華族になりたくて戦争をしたがる。廃止したほうがよい」との華族制反対論があった。叙爵をめざす軍人たちの心理を衝《つ》いている言ではないかと、改めてわたしは考え込んだのである。

開戦と敗戦に立ち会った二人の枢密院議長

日米開戦時の原嘉道、終戦時の平沼騏一郎。二人の枢密院議長は日本の運命を決する御前会議に際し、どのような行動をとったのか。天皇の諮問機関という枢密院の曖昧で漠然とした役割の意味を考える。

四月下旬のある一日、陽射しの強い午前に皇居の中にある旧枢密院の建物の前に立った。新憲法の公布とともに枢密院はその役割を終えたが、建物自体は皇宮警察の庁舎として昭和二十三（一九四八）年九月から昭和五十九年一月まで使われてきた。しかし今は保存も兼ねて内部の改築が行われていて、これからはどのように使われるかははっきりしていないという。

明治二十一（一八八八）年に伊藤博文によって考えだされた枢密院制度は、きわめてその役割が曖昧《あいまい》であったが、建物の外観は近代日本の華族の歴史を物語っているとも思えた。

むろん枢密院そのものは直接に華族と関係なかったにしろ、枢密院顧問官は大体が華族によって占められていた。

枢密院という存在こそ、近代日本が天皇を主権者とする国家でありながら、その役割がどのようなものか、憲法上も、制度の面からも、そしてなにより天皇も含めて当事者たちですら充分に理解できなかったように、わたしには思えるのであった。

この旧枢密院庁舎の玄関口には車寄せがあり、ここに顧問官会議が開かれる日は次々と車で顧問官たちがやってきたのであろう。昭和に入ってのことをいえば、枢密院は表だって存在価値があるように見えないが、枢密院議長（あるいは枢密相ということもあった）の名は必ず昭和史の変わり目には顔をだしている。昭和十六年十二月八日の真珠湾攻撃による太平洋戦争の開始に至るプロセスには、枢密院議長原嘉道《よしみち》の名が挙がってくる。原は開戦前の御前会議で、公式の発言をしない天皇に代わって政治・軍事の指導者たちに質問を行っている。

昭和二十年八月十五日の敗戦に至るプロセスで、やはり御前会議や最高戦争指導会議などに枢相（このころはこういった）の平沼騏一郎《きいちろう》が特別に出席が許されている。本土決戦派を牽制《けんせい》しようとする鈴木貫太郎首相の意図があったということであろう。

この旧枢密院の建物の前に立って、この国の存亡がかかっていた開戦と敗戦のときに枢密院はどんな役割を果たしたのか、とくに原や平沼はどのように語り継がれるべきだろうか、とわたしは考えてみた。この建物に刻まれている昭和という時代の人間模様について、わたしなりにやはり整理をしておかなければと思うのだ。

「今は枢密院といっても、私たちもその役割についてくわしく知っているわけではありません。今の宮内庁に身を置く者も大体がここは皇宮警察の建物と思っていますね」

と案内してくれた皇宮警察本部の調査官は口にするのだが、その一面で古手の代議士からはこの建物を旧枢密院庁舎として永久に保存すべきだとの論も寄せられているという。

わたし自身、むろんそのような考えの側に立っているが、枢密院を理解することで昭和史の微妙なヒダを理解できるのではないかとの感もする。

昭和期の枢密院は不可視的存在に

もともとこの枢密院は、前述のように伊藤博文の発意により、明治二十一年四月二十八日に明治天皇の「枢密院設置ノ上諭」で発足した。この上意には、「朕《ちん》、元勲及練達ノ人ヲ撰ミ、国務ヲ諮詢シ、其啓沃《そのけいよく》ノ力ニ倚《よ》ルノ必要ヲ察シ、枢密院ヲ設ケ、朕カ至高顧問ノ府トナサントス。茲《ここ》ニ其官制及事務規程ヲ裁可シ、之ヲ公布セシム」とあった。伊藤の真意は、新しい憲法のもとで「政府と議会が対立して天皇が裁断を下さねばならないような危機的な状況を想定し、その際にも天皇の政治責任を回避するために『善良なる勧告』を行う制度上の顧問が必要」（原武史・吉田裕編『天皇・皇室辞典』）との点にあったという。

枢密院庁舎の吹き抜けの玄関ホールとまわり廊下
（読売新聞社提供）

まさにこの組織は、天皇の助言役、あるいは顧問としての役割が期待されていた。それゆえに顧問官というのであろう。

しかし枢密院の歴史を見ると、明治天皇のもとでは枢密院には元老クラスが多かったこともあり、確かに顧問としての役割も果たした。ところが大正天皇の時代に官僚出身者がふえ、大正天皇との関係は薄くなったにもかかわらず枢密院は権限の拡大をめざして各方面と摩擦を起こした。昭和に入ってからは、天皇の意思とはかかわりなく動くことを薄めていき、その役割はきわめて弱くなっていった。

わたしは、昭和に入っての枢密院は一言でいえば、しだいにその役割を不可視的存在にすることに徹するように努めたと思う。

昭和十三年に刊行された『皇室事典』によるなら、枢密院は議長、副議長がそれぞれ一人、ほかに顧問官は二十四人（その当時）で、書記官長、書記官四人で構成されているとあった。顧問官は四十歳以上、在京の成年以上の各親王は顧問官になるとある。ただし枢密院は行政などに直接かかわることはないというのである。

わたしは枢密院という語に接すると、すぐに開戦時の原嘉道、敗戦時の平沼騏一郎を思いだすと書いたが、実は原は昭和十九年八月に「多年の功」によって男爵に列している。華族史を繙《ひもと》くと最後に叙爵したのはこの原とわかるが、一年後に敗戦となり、そしてこの制度は終わった。平沼が叙爵したのは大正十五（一九二六）年十月のことだった。検事総長、大審院長、司法大臣などを歴任していたので、こちらもまた「多年の功」によった。原にせよ、平沼にせよ、司法界の重鎮としてその功が認められたのだ。

昭和十六年九月六日の御前会議で、近衛文麿首相は陸海軍の強硬派の意向を受けいれて、十月中旬をメドに日米交渉を進めるが、交渉がうまくいかない場合は戦争に入るという案を渋々諒承した。天皇は原則としてこうした会議でも直接発言しない。天皇の意向はすべて枢密院議長の原が発言することになっていた。

昭和天皇と開戦時の原、敗戦時の平沼

このとき原は重要な発言を行っている。

「戦争が主で外交を従と見えるが、外交に努力をして万已《や》むをえない時に戦争をするもの

と解釈する」

さらに軍部の報告を聞いたあとも次のように発言している。

「戦争準備をやっておくが、出来るだけ外交をやるという考えで、なんとかして外交により国交調整をやるという気持が必要である」

つまり昭和天皇が戦争に消極的なのを代弁しているのである。結局、十一月二十六日にアメリカからハルノートを受けとり、東條内閣はこれは受け入れることはできないとして、戦争への道を最終確認していく。これが昭和十六年十二月一日の御前会議で、天皇を前にして国策となるのだが、このときも天皇に代わって幾つもの質問を原は行っている。外交の努力はもう限界か、戦争というがその準備はできているのか、その質問は微に入り細にわたっている。

このときの記録を読んでいくと、原は天皇の不安を和《やわ》らげようと詳細な質問を試みたのだろうが、原はすべての質問を終えたあとに戦争についての心構えを述べている。そこには歴史的な意味が隠されている。次の一節があるからだ。

「最後に一言致し度《た》いことは、当初の作戦は我国の勝利は疑わぬ所でありますが、長期戦の場合には一方に勝利を得つつ他方には民心の安定を得ることが必要であります。誠に開国以来の大事業であります。今回の（戦い）はどうしても長期戦は止《や》むを得ない所でありますが、之を克服してなるべく早期に解決することが必要だと存じます。此が為に只今からどうしても結末をつけるかということを考えておく必要があります」

こうした質問は、原が天皇の不安を直接聞かされて質問をしたのではないか。だが東條の答は精神論に終始して問い自体の答にはなっていなかった。わたしの見るところ、東條は原の質問が枢密院議長のもので、天皇の諮問機関の最高責任者だということを意識的に考えないようにしていたのではなかったかと思う。いや東條に限らず、この期になると歴代首相とも枢密院に対して軽視の気持ちをもつようになっていたということかもしれない。

敗戦時のポツダム宣言受諾の道筋を見ても、枢相の平沼騏一郎の存在が曖昧になっている。八月九日午後十一時五十分ごろから第一回の御前会議が開かれるのだが、その一時間前に鈴木貫太郎首相は内大臣の木戸幸一のもとに来て、天皇への拝謁《はいえつ》を申し出ている。『木戸幸一日記』には次のようにある。

「鈴木首相拝謁、御前会議開催並に右会議に平沼枢相と参列（ママ）を御許し願ふ」

ある時期から枢密院議長は御前会議に出席していないのだが、鈴木はあえて平沼を出席させたいと天皇に伝えた。これはどういう意味があるかということだが、鈴木は、ポツダム宣言受諾派が自分と東郷茂徳《しげのり》外相と米内光政海相の三人、宣言受諾反対、本土決戦派が阿南惟幾《これちか》陸相、梅津美治郎《よしじろう》参謀総長、豊田副武《そえむ》軍令部総長の三人と計算して、最終判断を天皇に仰ぐという形を採ろうとした。しかし鈴木は議長もつとめているから、他に鈴木の側に立って宣言受諾の意思を明確にしてくれる出席者が必要だった。議長を除いての三対三という図式をつくるために、平沼を説得して出席させたと思われる。

加えて前述の木戸の日記によれば、鈴木は「(午後) 十一時二十五分より十一時三十七分迄、拝謁」とある。

この間に天皇に事情を説明して、宣言受諾に傾いている天皇の意思をどのような形であらわすのかを、あえていえば「打ち合わせ」をしたのではなかったのだろうか、とわたしは考えている。

第一回の御前会議のあと本土決戦派が要求した「これだけの条文では国体護持は明確ではない」という注文に沿って、東郷外相は中立国を通じてアメリカ側にポツダム宣言の条文の問い合わせを行っている。平沼は、その回答 (バーンズ回答) には国体護持の保障がないと言いだしている。もし十四日の第二回御前会議で議論が蒸し返されたら、本土決戦派に変わる可能性もあった。

天皇が決して自らの最初の判断を変えなかったため、平沼の〝変心〟は表沙汰《おもてざた》にならなかったという言い方もできる。

歴代枢密院議長たちの苦悩

開戦と敗戦のときの二人の枢密院議長の、その身の処し方を見ていると、果たした役割の異なっている。わたしは思うのだが、原が昭和十九年八月にただひとり叙爵を受けたのは、あるいは開戦時に天皇の意思を正確に伝えたからではなかったか。そしてサイパンも陥落して戦況が悪化しているこの期に、あえて男爵を授けたのは開戦時の天皇の意思を理解せよとのメッセージだったのかもしれない。

いやわたしはそう考えるほうが自然のように思う。

八月十五日に日本の敗戦が決まったあと、午後三時五十分に木戸は、天皇から後継内閣を選定するよう命じられている。すると木戸は、平沼枢相と相談して決めたいと天皇に伝えている。今回は重臣を集めて選定するのをやめにしたいというのだが、天皇はこれに同意している。

天皇は敗戦という事態になって初めて、内大臣と枢密院議長の二人に後継内閣の首班を相談している。枢密院が自らの相談役と改めて認めたのかもしれない。そこに天皇なりの歴史的清算があったのだろう。

昭和史の動きを見ていて、枢密院の内部そのものは今に至っても明確でないところがある。そこにはどんな人物がいたのか、どのような形で昭和天皇とのかかわりがあったのか、わたしはいつもつかみどころなく思っていた。それでも今回旧枢密院の前に立って、この玄関口に原が立ち、平沼が立ち、そしてかつては近衛文麿も立って車を待っていたことを思うと、わたしは歴史の時間が飛んでいき、原や平沼の老いた苦悩の顔が浮かんでくる。

いや百二十五年も前になれば、伊藤博文もまたこの枢密院の前でこの役所をどのように生かすか、腕組みをして考え込んでいたのかもしれない。その伊藤から平沼まで二十一代、十四人の枢密院議長がいた。彼らの折々の苦悩の姿を想像することで、わたしは過ぎ去った近代日本の残像をイメージしているのだということに気づいた。

華族の監督者、宗秩寮総裁・木戸幸一

岩倉具視の曽孫が共産党シンパとして検挙され自殺した公爵家の「赤化」事件、歌人・吉井勇夫人の「自由恋愛」。昭和初期、華族のスキャンダルが新聞雑誌で大きく報じられ、華族に国民の厳しい視線が向けられていった。

華族を監督する機関に宗秩寮《そうちつりょう》という組織があった。宮内省の一部局ではあるが、しかしその権限は部局の枠を超えるほど大きかった。単に監督するだけではなく、「天皇の藩《はん》屛《ぺい》」としての生活が維持されているか、国民の範になるように日常の言動が保たれているか、を常に監視する機関でもあった。

『皇室事典』（昭和十三年刊）には「皇族、皇族会議、王族及び公族、爵位、華族、朝鮮貴族、有位者に関する事を掌る。総裁（親任又は勅任）のもとに事務官、属《さかん》がある」と記されているのみである。

かみくだいて説明すれば、華族には幾つかの特権が与えられていたので、「宮内省の特

別な監督の下に置かれた。華族の監督機関として華族局（のち爵位局、ついで宗秩寮）が設置され、華族の行動一般に目を光らせた。とりわけ、華族当主や子弟の婚姻・養子縁組については宮内卿・大臣の許可が必要だった」（原武史・吉田裕編『天皇・皇室辞典』）というのが正確な言い方になるだろう。華族局は明治二十一（一八八八）年五月に爵位局にあらためられているが、この爵位局が明治四十年に爵位寮となった。そして明治四十三年八月に宗秩寮へと組織変えされたことになる。

宗秩寮総裁は華族を監督する総元締ともいえた。歴代の宗秩寮の総裁を見ていくと、以下のようになっている。

久我通久《こがみちつね》（明治四十三年～大正六年）／井上勝之助（大正六年～十年）／倉富勇三郎（大正十年～十一年）／徳川頼倫《よりみち》（大正十一年～十四年）／仙石政敬《まさゆき》（大正十四年～昭和八年）／木戸幸一（昭和八年八月～十二年）／武者小路公共《きんとも》（昭和十三年～二十年）／松平慶民《よしたみ》（昭和二十年七月～二十一年一月）／松平康昌（昭和二十一年一月～二十二年五月）

華族のさまざまな事件が相次いだのは昭和初年代から十年代にかけてのことだった。昭和になると、経済恐慌があり、政治的には軍部の台頭があり、いわば軍事の季節に入っていく。華族社会のなかにはこういう時代の空気がそのままもちこまれてきた。華族に関する書はそれほど多いわけではないが、そういう書には、この期に華族のスキャンダルが多かったことを指摘する点で共通している。

こうしたスキャンダルについて、小田部雄次の『華族』によれば、「不倫、詐欺、傷害、殺人などから思想犯までさまざまあったが、格式を重んずるだけに、こうした不品行は華族を取り締まる宗秩寮にとって見過ごせないものであった。とくに問題が続出した昭和初期、宗秩寮総裁だった木戸幸一らは、その対応に何度も追われることになる」とあり、木戸が総裁だった時代がもっとも華族社会に対して国民の側からの厳しい目がそそがれたといえるようだ。

もっとも華族のスキャンダルといっても、特権化した華族の地位に対する自責の念をもつ者も多く、とくに純粋な子女はその念が共産主義への関心へと向かった者もまた少なくなかった。華族制度創設に伊藤博文とともに中心的な役割を果たした岩倉具視の曽孫の岩倉靖子が共産党への関心を深め、特高警察に逮捕されるという事件は、宗秩寮の幹部を驚かせた。浅見雅男の『公爵家の娘』はこの赤化事件を丁寧に追いかけた書だが、このような華族社会の内実も今後検証してゆく必要がある。

公卿華族に向けていた複雑な視線

木戸は、華族社会の内実を学習院の学生時代からよく知っていた。一口に華族といっても公卿華族、大名華族、勲功華族とそれぞれの立場でその生活態度や日常のふるまいなどは異なっていたというのだ。その木戸のこうした華族観を明かした書が『華族』（金沢誠・川北洋太郎・湯浅泰雄編）で、木戸の発言は宗秩寮総裁時の基本的な視点といっていいように思える。

「生活の面からみると、華族は、大名華族・公卿華族・新華族という三つのタイプに分けられる。個々人は別ですが、全体的にみると、おのずからそこに性格の差があらわれている。大名華族は昔の殿様ですから、大体、鷹揚ですね。公卿華族に、実力なくして千年も皇室の藩屛として幕府と取り引きしていた性格が残っているというのか、まあ露骨に言えば、コスッカライ、ずるい男が多かった。ぼくらの友だちでもそうだったナ。それから新華族の方は、別に伝統も何もないわけだが、生活的には御一新後、一番変化している。もとは小藩の田舎侍ぐらいだったものが、急に男爵になり、子爵になり、公爵にまでなっている。彼らは、明治十七年に華族令が出たときに、御一新の功労者であったとか、大臣をやっていたとかいう功績で華族になった実力者ですから、いわば爆発的にのし上がってきた連中なんで、そういう連中の子弟は大変元気だった」

木戸のこの述懐はむろんみずからも木戸孝允《たかよし》を祖父にもつ華族社会の一員としての分析であろう。同時に、昭和前期に木戸が果たした役割を見ていくと、勲功華族の家系の一員としての見方で天皇側近の地位にあったとの思いがしてくる。

こうした見方を同書のなかで、木戸はもう少し補足しつけ加えているのだが、大名華族のなかには大名という生活をそのまま華族という生活に置き換えただけの者も多かったというのだ。薩摩の島津、加賀の前田といった公・侯爵クラスの家は、やはり殿様らしい一種の「風格」があったと分析している。一連の説明にふれていくと、勲功華族の木戸としては公卿華族には複雑な目をもっていたこともわかってくる。

公卿華族は時代を超越した感覚で生きていたといい、なにより彼らには「金はなかったですから、生活としては、一番変化が少なかった」というのである。明治天皇はこのことを心配して、資金《ファンド》をつくったといい、それがしだいに一定の規模になっていったと補足したうえで、「ぼくが宗秩寮総裁をしていた昭和八年ごろから十年ごろ、公爵で年間六千円の配分があった。六千円というと、当時の大臣の俸給です」とも語っている。

公卿華族のなかにはこうした配当で生活を維持している者がいる反面、株への投資、新しい事業への参画などによって手ひどい打撃を受けて生活が立ちゆかなくなった者も少なくない。それが華族のスキャンダルの一因にもなっていたのかもしれない。

国民感情への影響を怖れた宗秩寮

宗秩寮総裁の木戸が、昭和初年代の華族にいかにふり回されたかは、当時の新聞を見ていくとよくわかる。昭和八（一九三三）年十二月二十三日の新聞（東京日日新聞）を開いてみると、二十一日には前述の岩倉靖子が市ケ谷刑務所から釈放になったあと自殺したと報じられている。その前日と前々日には、不良華族に対して宗秩寮が鉄槌を下したとの記事が掲載されている。

報じられているのは歌人であり、伯爵でもある吉井勇の夫人徳子（柳原義光伯爵の娘）を中心にした不倫スキャンダル事件である。近藤滋弥《しげや》男爵の実弟廉治《れんじ》の夫人安子らとともにダンスホールでの自由恋愛であったのだが、こうしたスキャンダルは、新聞、雑誌でも華族の私生活が乱れている例として大きくとりあげられた。有閑夫人たちの火遊びといった内容だが、紙面には「不良ダンス教師の検挙から有閑マダム、不良紳士の醜悪なる行状暴露」というなかに「登場した華族達」は「桃色不良華族」ともいうべきだと糾弾《きゅうだん》されていた（東京日日新聞）。

昭和八年という、うっくつした世相のなかで、華族のこうしたスキャンダル報道はそれ自体が庶民にとっては憂《う》さ晴らしになっていたのであろう。華族であれば社会的に小さな悪業であっても大大的に、それも派手な記事になる時代にと変わっていたのである。

このころの紙面を見ると、宗秩寮総裁の木戸がしばしばとりあげられている。木戸はこうした不倫スキャンダルに怒りを隠さず、前述の徳子、安子、それに廉治らに「華族の体面を汚辱するもの」として「平民移籍」を命じている。いわば華族社会からの追放という処分であった。華族社会からの追放という意味は、一切の特権や保護がなく、自らの力で社会で生きていけとつきはなすことである。

生活上の基盤を華族社会の枠組みのなかに身を置いている限り、社会的な権威という衣《ころも》を身につけて生活していけるが、その衣をぬぎ捨てるよう命じられた瞬間に、大体の華族はこれまでの何倍もの辛苦を味わうことになった。浅見雅男の『華族たちの近代』には、「長びく不況や凶作の影響で東北の農村では娘たちが身売りをし、中国大陸では多くの将兵が戦い、そして、国際連盟脱退など日本が国際的に孤立していくなかでの馬鹿げたできごとであった。世間では『アカのつぎはピンクか』と嘲笑する声もあり、華族社会への風当たりはますます強まった」とあるが、まさにその通りだった。こうしたスキャンダルがどのような国民感情を生むかを、宗秩寮や宮内省の幹部たちがいかに怖れたのかも容易に想像できる。

「華族社会の警視総監」という役目

平成二十年四月のある一日、わたしは現在の宮内庁の庁舎内部を見て回ることができた。かつての宗秩寮（庶務課、宗親課、爵位課）はこの建物（かつては宮内省であったが）の二階にあった。むろん今は宗秩寮という組織はないが、建物内部にはそれほどの変化はなく、宗秩寮の各局、各課のあった場所は現在は掌典職という組織が使用している。室内は意外なほど狭いことに気づかされる。

現在の宮内庁庁舎の二階のこれらの部屋を見るために、廊下を歩いていると、スキャンダル事件が起こるたび、当事者たちの当主が総裁に呼びだされて、この廊下を歩きながら総裁室に入る姿も想像することができた。むろん昭和初年代からはすでに七十年余も経ている。それでもなお宮内庁の午前の時間の静寂さはたぶん今も七十年余前もかわらぬはずであった。新聞記事にもあったが、吉井勇はすぐに徳子と離婚の手続きをとったという。木戸から呼びだされて、徳子の処分の通知を受けとるよう命じられたが、ここには代理人を送り、本人は来なかった。

吉井は「当然の処置である」と宗秩寮の厳しい処置を受けいれるつもりであることを明かした。そして、十二歳の令息とともに写真におさまっている。

木戸は「平民移籍」を命じたときには、『東京朝日新聞』(十二月二十二日付)によれば「小男ながら眼光けいけいとして流石《さすが》は華族取締の総本家たる木戸総裁」とあり、苦虫をかみつぶしたような表情で華族から追放する旨を宣言した。木戸は確かに華族社会の警視総監といった役目だったのだ。

『木戸幸一日記』の十二月二十一日には、午前中に宗秩寮審議会を開いて処分を決定したとある。そして、「午後二時、陛下、明治天皇御手許書類を天覧あらせらる。陪従す」とあるから、この処分を昭和天皇に伝えたのだろう。そのうえで昭和天皇に明治時代からの華族制度の資料を見せて、こういう例についてはどういう態度をとるべきかを話し合ったと推測される。

午後四時に、近藤男爵などを招き、処分を伝えたあとに「大臣の命により口頭を以て訓戒す」ともある。このような不祥事を起こしたことを厳重に注意したというのである。

このころの木戸の日記を見ると、さまざまな華族から相談事がもちかけられていることもわかる。加えてこの処分のころは、皇太子が誕生して国民の歓呼の声が宮中にまで届いている。木戸自身も皇子誕生の報に「感無量、涙を禁ずる能はず」と書いているほどである。皇室安泰の喜びの裏で、その藩屏たちの見苦しい事件があり、それを監督する自らの立場に感情も揺れ動いていたということであろう。

これ以後も、木戸はその在任中に華族社会の権威を守るために厳しい「粛正」をつづけていった。有能な宮廷官僚であった。

二・二六事件と木戸の段階的華族廃止計画案

宗秩寮総裁、木戸幸一は二・二六事件直後に爵位の世襲を段階的に制限し、最終的には華族制の廃止に到る計画を立案した。「十一会」と呼ばれた木戸のブレーンたちはどのような提案をしたのだろうか。

華族の歴史を調べていると、昭和十、十一（一九三五、一九三六）年に華族制は危機的状況にあったことが窺《うかが》える。とくに宗秩寮総裁だった木戸幸一の日記（『木戸幸一日記』）を読んでいくと、その状況に対する木戸自身の不安や苛立《いらだ》ちが浮かびあがってくる。「赤化」華族の存在が表沙汰《おもてざた》になってくるし、ダンス教師との不倫事件も新聞で大きく騒がれている。それに昭和七年の五・一五事件、十一年の二・二六事件をはじめ軍事力を背景にしたテロ事件などが社会を不安にさせている。木戸はこうした状態に的確な手を打たなければならなかった。的確な手とは、むろん華族の暴走を抑えたり、華族が社会的に嘲笑の対象にならないような監視を意味するのであったが、それだけではない、社会の各方面のさまざまな情報を収集することも自らに課していたという。

金沢誠らの編集による『華族　明治百年の側面史』のなかでも、軍部の情報や華族内部の動きも常に耳に入れるよう心がけていたことを木戸は明かしている。そこには「華族出身者とのつながりがあったのか」と問われて、次のように答えている。

「（そのつながりは）相当にあった。それについては、ぼくは特別に恵まれていたナ。ぼくは、役人になってから読書会みたいなものをやっていた。大正十一年の十一月十一日に始めたので、十一会と言っていたが、はじめは主として、華族出身で役人になった連中の集まりですね。そういう連中が、外務省にも居れば、逓信省にも居る。その中に、仲間から貴族院議員に互選されるのもいるし、軍人に関係している人もある。そういう連中が一緒になって、いろんな話をするわけで、そういう会をつくっておったことで、非常に助かったですね」

原田熊雄（読売新聞社提供）

そのグループには、どんな人がいたのかという問いには、「たとえば、近衛（文麿）君とか、西園寺（公望）さんの秘書をしていた原田熊男《ママ》、岡部長景《ながかげ》、外務政務次官をしていた織田信恒《のぶつね》、それから逓信省の局長をしていた広幡（忠隆）、有馬頼寧《よりやす》、貴族

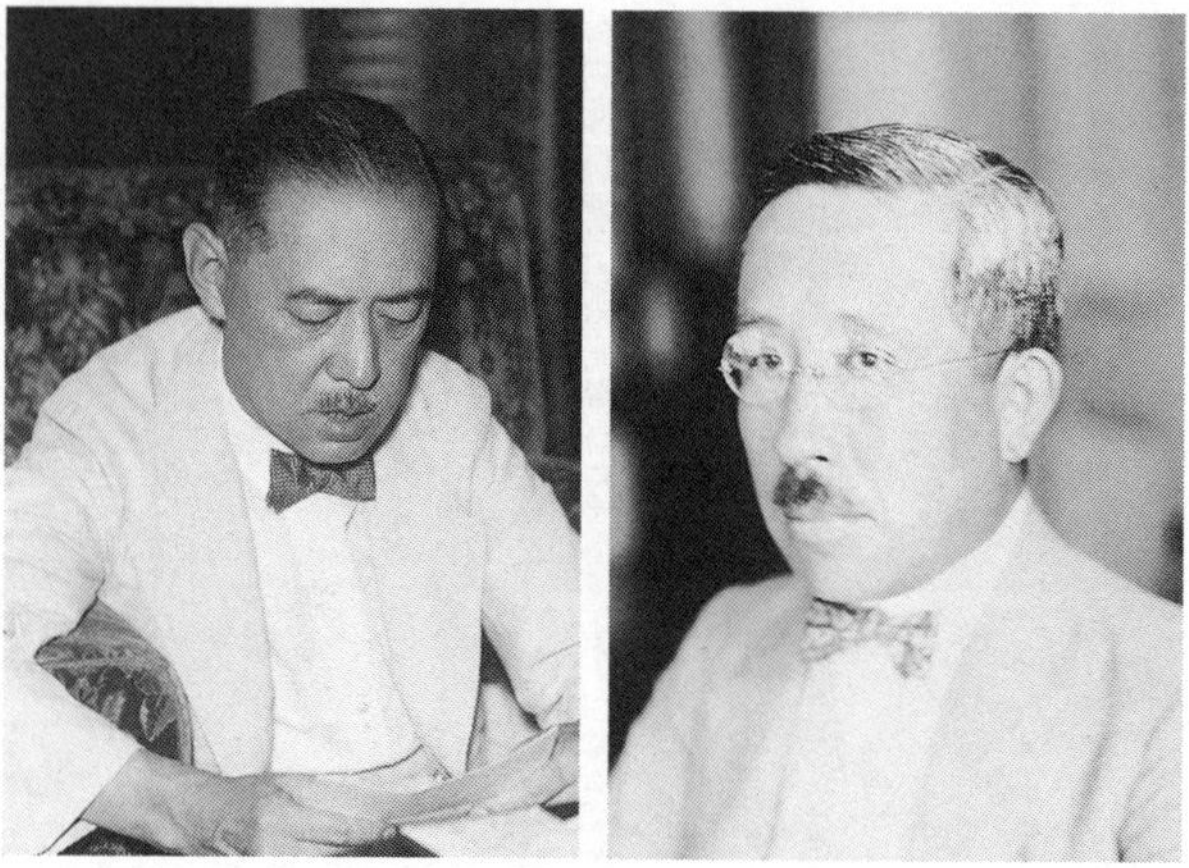

有馬頼寧（左）と岡部長景（右）

院の副議長をやった佐々木行忠とか、何でも十二、三人いました。これが非常に有効だったというのは、貴族院の改革問題でも何でも、そこでお互いに議論できるし、そういう人たちがまた、いろんな人を知っているから、情報が入るとすぐ知らせてくれる。『お前、危ないゾ』というようなことも……。（笑）」と答えているのである。

木戸発言は暗に華族たちのグループが、昭和天皇を支えるために情報を共有して、不穏な動きに目を光らせていたことを裏づけている。宗秩寮総裁としての木戸は、こうしたグループ（これを宮中グループとか宮廷官僚といっていいのだが）の中心にいたことを告白しているといってもいい。確かに『木戸幸一日記』を開くと、二・二六事件の十六日ほど前の二月十日の項には、「十一時半、近衛公来庁、同伴、東京クラブに至り、東久邇宮殿下御台臨の下に岡部、松平、原田等と会食す」とあるし、二月二十一日には「正午、華族会館にて昼食。黒田男より谷邸の件相談あり。林野局に三矢長官を訪ひ、右に関する事情問合せの上、再び会館に至り、黒田男に話す」ともある。

十一会の会合はしばしば開かれていたことと、宗秩寮総裁として華族の側からいろいろな相談事をもちかけられたときには機敏に対応していることがわかる。木戸のこのころの動きや戦後になっての証言をみていくと、華族たちの存在を常に〝監視・監督〟し、そして天皇の守護の役を果たしているか否《いな》かを確認していることがわかるのだ。

〝対立と協調〟複雑な軍部との関係

昭和史を俯瞰《ふかん》してみるとき、木戸の宗秩寮総裁としての役割がきわめて大きいことを理解しておく必要がある。とくに昭和前期という時代の昭和天皇と華族たちの役割は、木戸の動きのなかから的確に立論しておかなければならない。

これまでこの宮中グループは、昭和六年の満州事変以後は軍部が力をもっていくときに抗したように語られてきたが、実はそうではなく「むしろ『宮中グループ』こそが軍部の政治的台頭を利用しながら、戦時体制を支えていった中心勢力」（小田部雄次『華族』）との見方も出てきている。このグループは、元老西園寺の親英米、反軍といった考え方とは一線を画して、この時代の軍部の動きとある部分では協力し、ある部分では反発しあうといった側面をもっていた。

あえてここでつけ加えておけば、近衛や西園寺の公卿《くぎょう》華族と牧野伸顕、木戸のような勲功華族の間には、天皇の藩屏としての意識は異なっていたとわたしは分析している。これに加えて、西園寺・牧野の世代に抗する近衛や木戸の考え方には、世代の違いに依拠する政治的対立があったことがわかる。このことはいずれ本書でも新たな視点で検証していきたいと、わたしは考えている。

二・二六事件のときに、青年将校が華族たちを実はどのように受け止めていたかを端的に示すエピソードがある。霞会館が刊行していた『華族会館の百年』(昭和五十年刊)によると、昭和十一年二月二十七日の正午すぎに、第一師団第三連隊第三中隊の清原康平が指揮する二百人の兵士が、突然華族会館に侵入した。決起部隊の一部が華族会館(今の虎ノ門にある霞が関ビル)を襲い、正門玄関前に機関銃を据え、ピストルを威嚇《いかく》発砲し、指示に従うよう命じたというのだ。

この日は有志の昼食会があり、二十人を超える華族が集まっていたという。彼らを理事室に閉じこめたあとに、清原は、自分らの行動は君側の奸《かん》を除き、天皇親政の実現を願うことに目的があり、「今回の行動の主旨を華族会館員に知ってもらう」ことに狙いがあると明かしたというのである。清原はこの日の来館者の名簿を見せるよう要求し、そのなかに細川護立《もりたつ》侯を見いだすと、「自分は熊本藩の士族の出身で、侯爵のお邸に出たことがある」と言ったとこの書は伝えている。

細川から今回の行動についての疑念が伝えられ、清原はひるんだらしい。この書はそのような記述を行っている。

民衆の反発を考慮しての「廃止案」

とにかくこの決起部隊は、一時は会館の屋上に「尊皇討奸《そんのうとうかん》第三中隊」の旗を掲げた。結局、彼らはこの日の午後八時までには退去している。わたしが興味をもったのは、この日会館に集まっていた華族たち（細川のほかに鷹司信輔《たかつかさのぶすけ》公、中御門経恭《なかのみかどつねやす》侯など）は、事件が終わったあとに「仰天会」なる会をつくり、毎年二月二十七日に集まって、思い出話をくり返していたことだ。昭和四十三年までつづいたというから、旧華族にとってはこの事件は相当記憶にのこった事件ということなのであろう。

華族たちは、二・二六事件に際してもとくべつに予定を変更することなく、昼食会を開くというところに（しかも華族会館は青年将校たちの制圧した地域と隣接している）、その時局認識が窺えるかもしれない。あるいは会館の百年史にはさりげなく記述されているが、華族たちの有力者は、天皇の意を確かめるためにこの会館に集まり、そのうえでなんらかの動きを示そうとしていたのかもしれない。天皇の意に添うにはどうすべきか、そのことを論じようとしていたともわたしには思える。

二・二六事件当時、十一会の華族たちは、天皇の意思を木戸を通じて確かめ、目立った動きはまったく示していない。この日会館に集まった華族を含めて、二・二六事件当時、社会的な特権をもち、加えてその生活もときに派手で、乱脈な生活を行う華族もいたから、彼らは、反乱軍の青年将校を含めて将校、下士官、兵士、それに一方ではブルジョワ階級と批判する共産主義者たちの反発をなによりも恐れていた。このころ（昭和十年ごろのことだが）、天皇側近のある華族に、当時、学習院の校舎の上から共産主義を賛えるような垂れ幕がさがったことがあったとわたしは聞かされたことがある。特権階級であることを恥じる学習院に通う華族の子弟もいたというのだ。

木戸の動き、そして一連の華族の動きをみると、民衆の側からの反発を恐れる空気がかなり強かったことがわかる。

二・二六事件から一カ月半ほど後の四月十日の木戸の日記に、興味深い記述がある。木戸は、「華族制度改革の骨子」を宗秩寮の爵位課長に示して、改革の検討をしてみよと命じている。その趣旨として三点をあげ、「永代世襲を廃す」「公爵九代、侯爵八代、伯爵七代、子爵六代、男爵五代で平民に復す」などを記している。そしてこの日は、二・二六事件からどのような教訓を学ぶかを宗秩寮の協議会で話し合ったともある。

華族制度は一定の「代数」を経て廃止したほうがいい、というのはあるいは二・二六事件からの教訓かもしれない。十一会の会員たちは、そのような方向で木戸との間で改革案を練っていたのかもしれない。つけ加えれば、この改革案は木戸の時代に論議された節はあるが、その後は正面きって論じられたことはない。

平成二十年四月、わたしは出版局のAさんと霞が関ビル三十四階にある霞会館を訪ねた。霞会館の常務理事である大久保利泰《としひろ》氏からは、華族会館の略史でもある『霞会館百三十年の歩み』（社団法人霞会館発行）に目を通していれば話はわかりやすい、ときき、わたしはこの略史や前述の『華族会館の百年』などを丹念に読んだ。もともと華族会館というのは、近代日本の始まりとともにその歴史を刻むことになったようだ。

明治七（一八七四）年六月一日に華族会館の設立委員会が、永田町にあった旧二本松藩邸で創立総会を開いたとの記述がある。この創立の主旨は、「同族（注・旧公家と旧武家からなる華族の一体化の意味）が親睦を深めて相互に扶助し、発奮勉励して諸学術や華族の義務とすべき事柄を講究しよう」という点にあった。むしろ政治行動は控えようということだったらしい。

鹿鳴館が華族会館だった時代も……

華族会館の設立、その運営管理に要する費用は、華族各家の家禄によって出そうということになった。家禄が経済的基盤になっている公家、大名華族たちのなかには、こうした負担に耐えきれないところもあり、そのためになんどか役員交代も行われた。つまりは三条実美、岩倉具視などの尽力によって建設にむかうのだが、しだいに岩倉が主導するようになったともある。

明治天皇は、華族の子弟への教育、華族自身の学術向上にひときわ強い関心をもっていたが、そのような勅語も発していた。それが岩倉などによってしだいに前面に出てきたといえる。学習院の創立はこうした華族会館が建設され、運営されていくプロセスで誕生したこともわかってくる。

『華族会館の百年』は、華族会館が現在の霞会館になるまでにどれだけの変遷を辿ったかを丁寧に説明している。浅草の東本願寺別院を一部借用し会館規則を話し合った地を第一代とすれば、現在の霞が関ビル三十四階の霞会館は、第十三代になるそうだ。

この歴史を見ていて興味がわくのは、明治二十三年八月に上野公園にあった旧文部省官舎から現在の千代田区内幸町にあった鹿鳴館《ろくめいかん》に移転していることだ。鹿鳴館は第八代となるのだが、これによって、華族会館のもつ意味もかわっていった。すでに明治十七年の華族令によって勲功華族も誕生しているから、華族といってもそこにはおのずと時代感覚が異なる者もあらわれ、社交クラブ化を求める者が増えていったのだ。

鹿鳴館が果たそうとしていたこの時代の役割は、条約改正のための外国の外交官団の歓迎などにあったのだが、しかし事がうまくはこばなくなって鹿鳴館はほとんど使われなくなる。そこで華族会館に払い下げられた。

この鹿鳴館時代の椅子が修復されて、今も霞会館のロビーの一角に保存されている。

「こうした歴史を伝えていくのも確かに霞会館の役目なのです」と大久保氏は話す。華族会館から霞会館への流れもまた歴史と結びついているということなのだろう。

大久保利通、牧野伸顕、吉田茂の系譜

維新の三傑の一人、大久保利通。大久保の二男、牧野伸顕。牧野を岳父とする吉田茂。西南戦争後、内治に専念しようとした矢先に凶刃に斃れた大久保の志は、戦前軍部に忌避された牧野、吉田に受け継がれていったのか。

東京・紀尾井町は、官庁街、ビジネス街に隣接した一角だが、もともとは大名屋敷が置かれた地区だった。紀伊和歌山藩徳川家上屋敷、尾張名古屋藩徳川家上屋敷、それに近江彦根藩井伊家の中屋敷があった地だった。それぞれの藩の一文字をとり、紀尾井町と名づけられたという。

紀尾井坂から南、そして弁慶橋近くの低地には、清水がわいたので清水谷と呼ばれたという。今はこの一帯にもホテルが建っているし、清水谷公園として名ものこされていて、昼はビジネスマンなどがさして広くはないこの公園で憩《いこ》いをとったりもしている。

公園の入口には、「紀尾井町界隈」を説明するプレートが掲げられている。そこにおさ

められている一文は、この町がどのような変遷《へんせん》を辿《たど》って現在に至ったかを明かしているが、そのなかに「明治七年（1874）、赤坂喰違《くいちがい》付近で岩倉具視《ともみ》が襲われ、同十一年（1878）には清水谷前の道で、時の内務卿大久保利通が暗殺されました。事件後、現場近くの地に大久保利通の哀悼碑が設置され、のちに整備されて清水谷公園となりました」との一節がある。大久保利通の因縁の地ということにもなるが、確かに公園のなかには「贈右大臣大久保公哀悼碑」が建っている。台座を含めると、その高さは六・二七メートルにもなるという。

この哀悼碑は、明治政府の官僚たちが大久保の遺徳を偲《しの》んで建てた（明治二十一年）のだが、今は千代田区指定有形文化財（平成四年四月）に指定されたという。近代日本の風雪に耐えて今なおその偉容を誇っているこの石碑の前に立つと、いささかでも歴史に関心をもっている者ならさまざまな思いに捉われる。

華族という制度に関心をもち、その視点からこの石碑の前に立つと、大久保利通という明治維新の中心に立つことになった、この薩摩藩の士族が「華族制度」を結果的にひとつの形につくりあげていったとの思いが湧く。むろん明治十七年に華族令が公布されたときには、すでに大久保利通は亡くなっていたのだが、「死せる大久保、華族制度創設を促す」という一面が確かにあるのだ。

この華族令が公布されたときは、二十九家が士族から華族となっている。公卿《くぎょう》や諸侯とは別のいわゆる新華族・勲功華族となるのだが、これより前に大久保家、木戸家、広沢家の三家だけは明治十一年、明治十二年に華族となった。木戸家とは木戸孝允《たかよし》、広沢家は広沢真臣《さねおみ》なのだが、彼らはとくべつに維新に功績のあった家と判断されていたのである。

大久保暗殺と「華族」の範囲の拡大

華族制度にくわしい浅見雅男氏の著作、『華族誕生』には、興味のある記述がある。

「この三家の（華族）昇格の直接のきっかけは、大久保利通が暗殺されたことである。大久保が殺されず、また大久保家が華族に昇格しなかったなら、華族令公布に先立って、木戸、広沢の両家が華族にならなかったことは確実である。では、なぜ大久保家は華族に昇格できたのだろうか（略）。（暗殺に対する）政府の態度を明確にし、また、天皇の利通への、ひいては現政府への絶大な信頼をあらためて国民にしらしめるためにはなにが必要かが検討された。その結果、まず死んだ利通に正二位と右大臣が贈られた。ついで、大久保家を華族とする異例の措置がとられたのである」

このとき士族を華族にするための規定はできていなかったが、特旨《とくし》という手があった。浅見氏は、暗殺後すぐにこうした手によって大久保家の華族昇格が決まったのだろうと推測している。大久保家が華族に昇格したのなら、その前年に死亡している木戸孝允も正二位を贈られているので華族に昇格しなければならないとなったのであろうし、広沢も明治四年に暗殺されているが、その功績が改めて認められて昇格したと考えられるというのである。

浅見氏は明治二年六月から十七年七月までの間に華族となった七十六家を分析したうえで、華族制度とは何かといえば、「華族の創出は、旧社会の特権階級を新時代の特権階級の秩序のなかに組み込む作業であった」といい、「その中での異色は言うまでもなく大久保、木戸、広沢の三家であった」と書いている。諸侯の下級家臣だった者が華族になる先例がつくられていったというのであった。

大久保利通

大久保の暗殺が、華族制度の枠組みを広げるきっかけになったとするなら、この清水谷公園に建っている哀悼碑は華族制度を記念する碑の側面をもっているといってもいいように思われる。四月のある一日、午後の陽射しが強い清水谷公園のなかに身を置きながら、わたしは、大久保自身はこの華族制度にどのような思いをもったのだろうかと考えた。大久保は暗殺される当日、これまでの動乱の十年の後、維新からの日本を三つの期間にわけ、これまでの動乱の十年の後、次の十年は内治を整え、その後の十年は次世代に自分たちのつくった近代日本を託していきたいと訪ねてきた友人に語っている。内政を治める段階に入ってまもないときに、大久保はその志を果たさずにテロに倒れてしまったことになる。

霞会館の応接室で、利通の曽孫にあたる大久保利泰《としひろ》氏に話を聞いていて、利通のあとは長男利和《としなか》、三男利武《としたけ》、利武の長男利謙《としあき》とその爵位は守られてきたことがわかった。利謙は近代日本史の実証的歴史学者として著名であり、戦後は国会図書館の憲政資料室を創設するなど、資料の収集、分析などの新しいジャンルを確立した研究者としてその名が知られている。昭和十八(一九四三)年に家督を相続、侯爵、貴族院議員となった。利泰氏はその長子として、ありふれた表現になるが、世が世なら侯爵だったということになる。

「私は霞会館の理事として、華族制度やその歴史的な役割についてお話をすることはできますが……。まあ私の家のことに関しては、あまり話すことはありません。私の父は結果的に利和からの爵位を継ぐことにはなりましたが、祖父が長男ではなかったこともあり、とくべつにその予定はなかったのです。でも結局は継いでおります」

利泰氏の発言は慎重だった。大久保利通のその歴史的役割もそれは他からの評価に任せるという立場のようだった。ただ華族制度は明治十七年の華族令で始まったのではなく、明治に入ってからつづいていたこと、いや公卿華族はすでに千年余の歴史もあるとも話していた。

日本の体制を見る大久保家の視線

大久保利通を新華族の第一号という言い方をしてもいいのではないか、とわたしは思うが、そうなれば維新の功臣としてその土台をつくった功労者ということになり、近代日本そのものの歴史について相応の責任をもたなければならない。利泰氏と話し合っていて、そのことに思い至ったとき、ふいにわたしは吉田茂のある言を思いだしたのだ。

吉田は、大久保利通の二男伸顕《のぶあき》（牧野家に養子に入る）の長女雪子と結婚している。吉田にとって、利通は義理の祖父となる。その吉田は、戦後に著した『回想十年』などで、

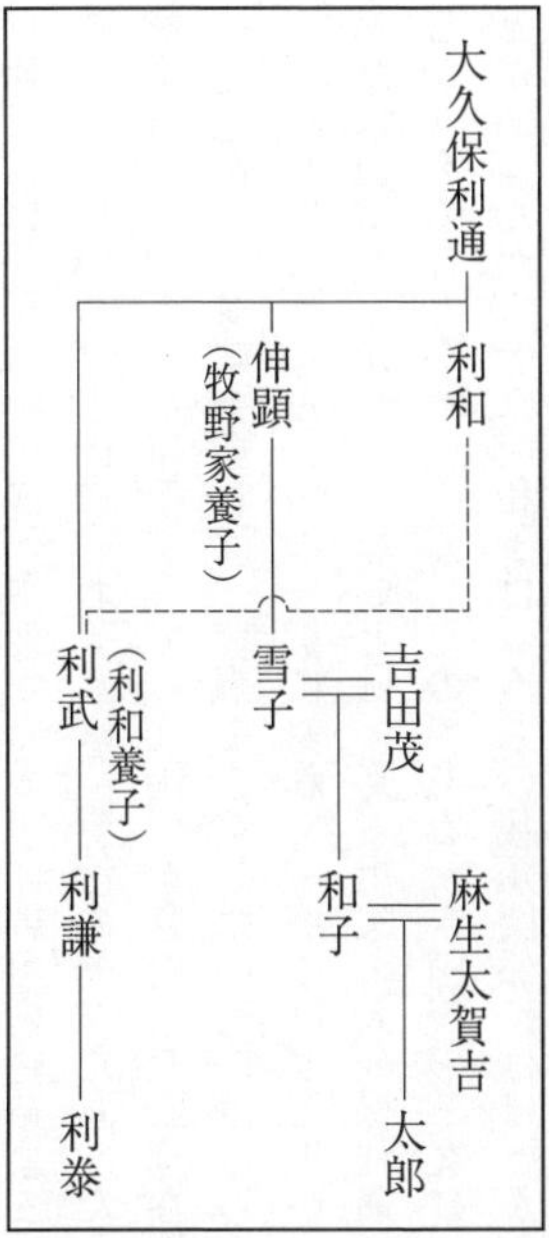

略系図

近代日本は昭和六年の満州事変から太平洋戦争の終結までは「変調」をきたしたと、くり返し語っている。吉田にいわせれば、明治の先達《せんだつ》たち、たとえば大久保利通の目ざした国家像は、このような軍事主導で「変調」をきたしたような国家ではなかったというのだ。先達たちの遺訓を守れば、変調をきたした国家にはならなかったという意味である。

わたしはこうした吉田の分析にふれて、なるほどと思いつつ、昭和の軍事主導体制への怒りは血はつながっていないとはいえ、祖父・大久保利通の路線から著しく踏み外しているがゆえのことだと思えてきたのである。吉田茂の三女にあたる麻生和子に話を聞いたことがあったが、そこで和子は「うちの親類関係にはほとんど軍人はいませんよ」と言っていたことを思いだした。このことは、吉田もまた軍事主導体制とは一切の人的関係はなく、それがゆえに不快に思っているのだと気づいた。

わたしは「明治時代は軍事主導体制だった」という意味の表現をすることがある。近代日本が世界に伍していくとき、そのような選択をしたとわたしは考えているのだが、利恭氏が「その見方はどうも納得しがたい」と洩らしていることを耳にした。わたしはさほど気にかからなかった。というより、軍事主導体制によって、日清・日露両戦役の戦勝によって、日本が富国の道を歩んできたと思っていたからであった。

ところがこの華族制度を調べているうちに、利恭氏がわたしへそのような疑問を口にしたことは、吉田茂が明治の先達の選択は誤っていないと説いたのと符節が合っていて、つまり大久保利通のつくろうとした国家は軍事主導を目ざしてはいなかったという意味をもっていると気づいたのだ。

大久保利通は維新の最大の功労者として華族に列したのである。その功労のあった人物がつくろうとした日本の姿は、あのような軍事主導体制ではなかった、との怒りが、利恭氏の口ぶりに宿っているように思った。

言葉は妙なのだが、そのような律義さが大久保家にはあるということなのだろう。この視点で見ていったとき、わたしは利恭氏は、牧野伸顕の時代のなかでの身の処し方、そして必ずといっていいほど軍部や右翼から攻撃の対象になっていたことや、「維新に功績のあった」曽祖父の描こうとしていた道筋を律義に守ろうとしているのではなかったかとの思いを抱いた。

清水谷公園の大久保利通の哀悼碑の前に、千代田区教育委員会の名で利通の業績を賛えその人柄を偲ぶ一文が掲げられている。この一文は前述のように利通とともに維新の折に働いていた仲間たちがつくった追悼文を現代風に手直しして掲げられているのだが、そこには、「大久保公は明治維新の功績で名を挙げ、国がこれから栄え平和を迎える時に、この災いにあったのです。大久保公の死は、都の人達は勿論《もちろん》のこと天皇陛下も深く悲しまれました。（略）大久保公の悲しい凶変から七年の年月が流れましたが、この地を通る人々は、今でも嘆き悲しみ頭を垂れて行きつ戻りつ立ち去ろうとしません」とあった。

明治十一年当時、この大名屋敷の跡地の坂道は、この地に住む要人たちを馬車に乗せてそれぞれの役所に通勤させていたのだろう。どのような日本をつくるべきか、大久保にしても盟友だった西郷隆盛の反乱事件を抑えて、さてこれから日本の国内政治のシステムをつくりあげようとの意気ごみをもっていたのだろう。しかし、この地で倒れ、そこにできあがった哀悼碑から、それからの時代を見続けていたとするなら、わたしは利通が、近代日本の歴史は自分の考えとは相反するものになってしまったと嘆いているのではと思った。

支配構造の形に悩んだ明治の元勲

華族制度が初めて論議されたのは明治二年六月のことで、伊藤博文、岩倉具視、広沢真臣、副島種臣《たねおみ》、そして大久保利通らで審議された。このとき、公家と諸侯を一体化しての新しい身分をどのように呼ぶかという論議もあった。伊藤は公卿でどうかというのに対し、大久保は貴族がいいのではと応じたという。結局は華族となったのだが、華族という語はもともと由緒のある名称だった。

「(華族は)公卿の家柄である清華《せいが》家の別称であった。華族は、平安時代末ごろまでは、相対的に家柄のよいものを指す美称として、英雄《えいゆう》、清華、英華《えいが》、公達《きんだち》などの語とほぼ共通に使われていたと言われる」(小田部雄次『華族』)

明治維新の形をつくっていったこれらの元勲たちは、それまでの日本の支配構造をどのように温存させるか、その名称をどうするか、あるいはその支配構造のなかに自分たちをどのように位置づけるかを話し合ったのだろう。そして叙爵《じょしゃく》にあたって、伊藤は宮内卿として華族の資格に頭を悩ませる。つまるところ、宮内省が功臣家を選定していったが、その折に大久保や木戸などが功臣家とされた。そして前述のように利通の暗殺後に勲功華族が決まっていくのである。

長州や薩摩の武士たちは、この国をどのようにつくるかというときに、華族制度という人間の栄誉欲をくすぐる制度をもたなければならないと実感していたのだろう。大久保の哀悼碑の前で、わたしは近代史をなぞりながら、華族の役割とは何だったのかと改めて問い直したくなった。

西園寺公望と近衛文麿の暗闘

明治、大正、昭和と三代にわたり日本の政治の中枢にいた西園寺公望は、二・二六事件後、近衛文麿を首班に推すが近衛は固辞する。首相になった後、近衛は木戸幸一ら宮中官僚をブレーンとし、西園寺とは距離を置く。

東京・荻窪にある荻外荘《てきがいそう》は、もともとは大正天皇の侍医であった入沢達吉の別荘であった。近衛文麿は、荻窪の高台にあり、富士山まで望むことのできるこの邸を気にいって昭和十二（一九三七）年に買い求めたのだという。

ところで近衛には、落合に自宅があった。しかし荻窪の地の空気が気にいったのか、こちらに居を移す形になり、落合の自宅には帰らなくなったと資料にはある。昭和十二年から近衛はここに住むことになったのだが、そのころから近衛は政治の前面に出てくるようになったため、荻外荘の名は世間に知られるようになった。

この荻外荘という名称は、近衛を政治的に頼りにしていた元老西園寺公望が命名したといわれている。その由来は正確にはわからないが、「荻窪の外」という意味ではないかといわれている。もっとも昭和十二年に西園寺が命名した理由は想像できないではない。というのは、西園寺が近衛の煮えきらない態度に怒りにも似た感情をもっているときだったからだ。自分の助言や要請にもまったく応《こた》えようとしない。正直な話、「おまえはこの時代に東京の外にいて傍観者でいるつもりなのか」との憤懣《ふんまん》をぶつけているようにさえみえるのだ。

わたしは、荻外荘という地が昭和十年代にはある歴史的な意味をもっていたと思う。政治的に日本が転回点を迎えるときに、近衛はここに自らの内閣の閣僚を集めて国策の議論を行った。結果的に、といっていいのだが、それは失敗、ないし空回りに終わったといってもよかった。それだけにこの地には、歴史的な悲劇というイメージをかぶせてもいいのではないかと思う。

西園寺は、二・二六事件後の政局に強い危機感をもった。陸軍の若手将校たちが、自分たちのつくってきたこの「近代日本」を解体してとんでもない軍事主導国家をつくろうとしているのではないか、と案じたのだ。内大臣の斎藤実《まこと》が殺害され、侍従長の鈴木貫太郎も襲撃されて重傷を負っている。西園寺の住む静岡県興津の坐漁荘《ざぎょそう》にこそ襲撃はなかったにせよ、自らも彼らのターゲットになってもおかしくはないとの思いもあっただろう。西園寺は、今の日本を建て直さなければ大変なことになるとの危機感を抱いて、次期首班を誰にするか、具体的な動きを試みている。

しかし、宮中の官僚たちの間には、たとえば内大臣の湯浅倉平《くらへい》は枢密院議長の一木《いちき》喜徳《きとく》郎《ろう》と相談して、近衛を次期首班にすべきだろうと意思を統一させていた。近衛はこのときは貴族院議長をつとめていたのだ。

近衛は、湯浅の打診に健康上の理由を挙げて固辞している。近衛にすれば、こんな時代の舵取《かじと》りに自信はなかったと思われる。

こうした動きは確かに「二・二六事件が起こったことで、宮中側近の間ですら、宮中の重要人事に関する西園寺の影響力が低下し始めた」（伊藤之雄《ゆきお》『元老西園寺公望』）との見方もできた。一木、湯浅、そして木戸幸一内大臣府秘書官長らの新勢力が力をもってきたことをあらわしているのだが、旧勢力ともいうべき西園寺との間にただひとつの共通点があった。それは「近衛を首相に据えて難局を乗り切る」との強い期待であった。

期待し、裏切られ、再び期待して……

二・二六事件が終結した後、三月二日に、西園寺は参内している。そこで昭和天皇から、次期首班についてこれまでと同じように推挙するように命じられている。

三月四日のことだが、西園寺は近衛を宮内省に呼んで会っている。そこで君が内閣を引き受けなければならないときだ、この際組閣してこの難局を乗りきってほしいと懇願している。近衛はここでも、自分は健康な状態ではないと伝えている。それでも西園寺は、近衛が次期首班にふさわしいと「今日、自分としては近衛以外にないと思ひます」と天皇に奉答した。ところが近衛はやはり身体に自信がないと断っている。その折に、『西園寺公と政局』（原田熊雄著、第五巻）によれば、「（近衛は）宮内省の公爵の室に来て、健康を第一の理由として、『どうしてもお断りする』と言つた。公爵も『已むを得まい』といふので……」とある。

西園寺の絶望の深さがわかるのだ。

結局は外交畑の長老である広田弘毅《こうき》が首班に推されている。この内閣も陸軍との間に協調体制がつくれずに一年ももたずに退陣している（昭和十二年一月二十三日）。このとき西園寺は八十七歳と高齢のためもあるが、興津の坐漁荘から東京に出てくることはなかった。近衛に期待を寄せ、近衛をもって、日本を変えようというのに、本人がまったく相手にしないことに嫌気がさしたということにもなる。もう後継首班を推挙する元老という立場からも離れたいと言いだしたのだ。

しかし広田内閣につづいて、陸軍出身の林銑十郎《せんじゅうろう》首相もわずか四カ月ほどで辞任すると、再び近衛待望論が浮上してきた。湯浅や木戸が近衛を説得し、西園寺も再び近衛を推した。こんどは近衛も首班を引き受けた。

昭和十二年に、近衛が荻窪に別邸を求めたとき、西園寺は近衛に期待し、裏切られ、そしてまた期待するということをくり返していた時期だった。近衛の別荘に「荻外荘」と名付けたのは、西園寺の複雑な思いが凝縮しているように思える。

六月中旬の曇り空の日、荻外荘のあった近衛の邸宅付近を歩いてみた。荻窪の住宅街に未だその邸宅は残っているが、むろんかつての広さではなく、周辺は駐車場にかわっていたり、マンションになっている。落ち着いた静かな住宅地であった。確かに近衛邸の周辺には坂道もあり、昭和十年代には高台であったようにも思われる。

荻外荘（読売新聞社提供）

ここに昭和十年代のある時期、つまり近衛が政治の表舞台に姿をあらわしたときから、この周辺にも要人の車が何台も乗りつけられたのであろう。あるいは、新聞記者たちの取材の車も並んだのかもしれない。今はそのようなイメージさえわいてこないのだが、昭和史を変える舞台のひとつだったことは間違いない。

どうして近衛には伝わらないのか

西園寺公望は、右大臣徳大寺公純《きんいと》の二男であったが、誕生からまもなく西園寺家の養子になっている。徳大寺家も西園寺家も近衛・九条・二条・一条・鷹司《たかつかさ》の五摂家に次ぐ清《せい》華《が》家で、いわゆる公卿華族であった。近衛文麿はもとは藤原鎌足《かまたり》を祖とし、平安時代には藤原道長が摂政になったのをはじめとして、当主は関白や太政大臣などをつとめた藤原北家の嫡流である。鎌倉時代に五摂家に分かれたが、近衛家は五摂家のなかでもその筆頭の地位にあった。西園寺家からみると、近衛家は格上といえた。

近衛文麿は学習院、一高を卒業したあとは、いちどは東京帝大哲学科に進んでいる。その後、京都帝大で河上肇《はじめ》の学問にふれたいと、京都帝大の法学部に転学している。京都に住むことになった近衛が、西園寺公望を訪ねたときは、西園寺は近衛を上座に座らせて礼を尽くしたというエピソードがある。

西園寺とすれば、近衛をその青年期から次代の指導者に育てたいとの願いがあり、昭和十年代の困難な時代を近衛の能力と識見に託したいとの思いがあった。昭和という時代の政治指導者像を見るとき、西園寺が近衛という切り札をいつもちだすかに尽きる歴史だったともいえる。西園寺はリベラリストといっていいが、近衛にもその体質を感じていたのである。二・二六事件のあとすぐにこの切り札をもちだしたにもかかわらず、当の近衛はまったく応えてくれない。

このときの心境を、伊藤之雄が前述の書で書いている次の表現が的を射ている。

「壮年華族の中で、最も望みをかけていた近衛が期待はずれな行動をした。自分は同じ公家として、岩倉具視の期待に応えるべく、伊藤博文を支えて全力を尽してきた。どうして近衛にはこの気持ちが伝わらないのか」

岩倉具視と西園寺公望、西園寺公望と近衛文麿。その関係は単に華族というつながりではなく、それこそ千年にわたって天皇家を支えてきた公家としての使命を共有している点にある。どうして近衛はそのことがわからないか、と怒っているのである。

一方でこのころの近衛の心情を考えてみると、十一会という、自分と同年代の宮中グループの華族たちとの関係に重点を置いていたということだろう。公爵の近衛、侯爵の木戸、男爵の原田熊雄（西園寺公望の秘書役）、それに有馬頼寧《よりやす》伯爵や松平康昌侯爵、広幡忠隆侯爵といった同年代の華族グループと連携することでその影響力をもつことを企図していたのだろう。

しかもこのグループは、西園寺のように軍部と一線を引くのではなく、むしろ軍部と協力、ときには提携することで日本の国際的地位を高めようとの思惑ももっていた。

この荻外荘には、十一会のメンバーである宮中官僚などがしばしば訪れて、近衛と今後の政策をどのような方向に進めるかを相談している。山本一生著の『恋と伯爵と大正デモクラシー』には、有馬頼寧の日記などが紹介されているのだが、たとえば昭和十四年一月に、第一次近衛内閣が総辞職する際に有馬はその相談にのっている。

「四時荻外荘に行く。総理より総辞職の事を聞く。明日或は明後日の由。此際やめる事は甚だ宜しくないと思ふが、自分は総理にじゅんずる心故反対はせず」

近衛とともに新体制運動を具体的に考え、推進しようとしたこのグループは、軍部が拡大策を採る日中戦争の跡始末を引き受けさせられるといった役割も負わされている。年表の上には刻まれていないが、十一会の華族たちのこの期の動きはさらに歴史的に検証されなければならない面がある。

「すべてを備えた政治家」の脆弱さ

荻外荘には近衛が会談に使った応接室があり、そこでの要人との会談は荻窪会談と称されている。近衛はときにここに閣僚を呼んで、重要な会談を行うことがあった。前述の有馬頼寧などもこの応接室で話し合っている。

主要閣僚を呼んでの荻外荘での荻窪会談では、ときに新聞社のカメラマンを招いて写真撮影も許している。そうした写真を見ると、テーブルを囲んで四つの椅子があり、室内には豪華な茶だんす、それに古めかしい板戸、あるいは掛け軸をかけた床の間などが見える。応接室は個人の家の応接室というより、公式の機関の会議室と見まがうばかりだ。

この応接室は今どうなったのだろうか。

もとより現在の近衛邸は私邸であり、歴史的な記念館ではないから、その内部を見ることはできない。だが荻外荘の応接室を含む一部は、天理教の東京教務支庁の敷地の一角に移されてこの教団の東京寮として使われている。

荻窪会談の場所となった応接室はどのような空間だったのだろうか。わたしは、この空間のなかで、近衛という五摂家筆頭の家柄に生まれ、学識、能力、それに弁舌や容貌などすべて備えていた華族政治家が、どのように軍人たちに圧迫されていったのか、近衛の抵抗はなぜ弱かったのかについて考えた。この空間に身を置くことで、この「悲劇の公家」が置かれた状況を確かめたいと思ったのである。

天理教東京教務支庁は、東京・駒込の住宅街の一角にあった。この地域は、江戸期には大名の外屋敷が多くあり、その周辺には幾つもの植木屋があって、大名家の庭の手入れをし、季節の変化を楽しませていたというのだ。

「中山正善《しょうぜん》天理教第二代真柱《しんばしら》が、近衛元首相と懇意にしておりました。その縁で、昭和三十五年に近衛家から荻外荘の約半分を譲り受けて、この地に移築したのです。今はここで学ぶ者の寮となっています」

と教務支庁の早川明芳氏は話す。そして正面を入って左側の敷地に建つ荻外荘のその応接室に案内してくれた。

日米開戦を決定づけた昭和十六年十月十二日の荻外荘会談

近衛と東條が激しく対立した荻外荘での四者会談後、対米交渉継続を主張する近衛から開戦の準備を急ぐ東條へと政権は移る。華族の責任回避と軍人の権力欲が背景にあるものと、荻外荘で著者は思いを巡らす。

近衛文麿の私邸「荻外荘《てきがいそう》」が、どのようにして荻窪から駒込にある天理教東京教務支庁に運ばれてきたのか、そのことを知る者は今はいない。この東京教務支庁の早川明芳氏によると、いちど解体してこの地に運んできて、そしてここで組み立てたようだという。

荻外荘の半分が幾つかに分けられて、たとえば大型トラックに乗せられてここに来たのではないかとわたしは思ったが、どうやらそうではなく、柱、床、壁と解体されて移築したようだ。教務支庁の正面から左側の平屋建てのいくぶん古めかしい建物がかつての荻外荘であった。今は寮生の宿舎として使用されているが、玄関から入って正面の十五、六畳が応接室となっている。

「今でも荻外荘の建物を見たいと言って、たとえばNHKや映画関係の人が来たりもします。よくテレビの歴史番組などでもこの建物や応接室などをセットで再現しているんですよ。今、この床はフローリングになっていますでしょう、でも実際はこの応接室は玄関と同じ高さにあり、コンクリートだったようです。ですから玄関から靴を履《は》いたままこの応接室に入ってこれたようです。この応接室の床は変えてしまったようですが、天井やガラス窓やドアは当時のままと聞いています」

早川氏はそう言いながら、この応接室の備品のひとつひとつを説明していく。わたしもそうした備品の手ざわりを楽しんでみる。そして平成二十（二〇〇八）年の六月、わたしは荻窪ではなく、駒込の荻外荘に身を置きながら、頭の中で時間を一気に六十七年前の昭和十六（一九四一）年十月に戻してみる。この応接室で、戦争か、和平かの重要な会談が開かれ、当の近衛の和平論も空しく、開戦の方向に国策は進んでいったのだ。

今、この空間に身を置いて、当時のことを想像してもとくに緊迫したイメージは浮かんでこない。この歴史的な空間には、六月の午後ののんびりとした空気が流れているだけで、たぶん六十七年前の十月十二日午後の張りつめた空気など想像もできないのだ。

昭和史のなかから日本の運命を決定した日を挙げよ、と問われれば、この十月十二日の午後二時からの四時間ほども挙げなければならないだろう。この日は近衛の五十回目の誕生日であったが、荻外荘の主《あるじ》である近衛にとっては、これほど不愉快な日はなかったであろう。荻外荘の応接室のテーブルも、ソファも今はこの東京教務支庁の寮生の集う部屋になっているが、しかしこの辺《あた》りに近衛は座り、ここに応接セットがあって陸相の東條英機、海相の及川古志郎《こしろう》、外相の豊田貞次郎、企画院総裁の鈴木貞一がそれぞれのソファに座っていたはずだ。近衛は首相として、この主要閣僚たちとアメリカと戦争か、和平かの意見調整をしなければならなかったのだ。

堂々めぐりのまま会談は終わり……

のこされている史料や拙著（『東條英機と天皇の時代』）などをもとに、このときの会談の概要を紹介しておこう。

この年九月六日の御前会議で十月中旬を目途に日米交渉を進めるが、それがうまくいかなかった場合に備えて開戦準備を進めるという方針が決まった。従ってこの日の主要閣僚との会談は、十月中旬の今、日米交渉に見切りをつけるべきか、さらに交渉を継続すべきかを話し合う予定であった。

近衛はむろん外交交渉を軸に国策を進めるべきだという側にあった。しかし陸軍を代表する東條は、声高に戦争への道を叫んだ。

外相の豊田は海軍出身であったが、「日米交渉は妥結の余地がある。支那の撤兵問題で日本側が何らかの譲歩を行うべきだと思うが……」と主張し、近衛も同意した。及川も、この重要な時期になんらかの譲歩は必要だと言い、「和戦いずれかの判断は総理に一任する」と応じた。及川のもとには、前日の夜、近衛内閣の書記官長である富田健治が訪ねてきて、「戦争回避、交渉継続」という近衛の方針に同調してほしいと頼んでいたのだ。

東條はこうした意見に、外交交渉がまとまるとの自信をもっているのかと、近衛や豊田に詰め寄っている。鈴木はとくべつに意見を言わず、結局、近衛、豊田、及川と東條の間で応酬がつづいた。「支那からの撤兵」である程度の譲歩はやむを得ないとの近衛らの論に、東條は気色ばんで答えている。こうしたときの東條は、相手側の言い分にまったく耳を傾けない。

「支那への駐兵は陸軍の生命であって絶対に譲れない。では改めてきくが、九月六日の御前会議のときの結論はどうなるのか」

と主張した。東條は戦争を選択しろと言うのではなく巧妙に九月六日の決定を守れ、と言うのであった。天皇も出席しての御前会議の結論を簡単に変えるなという主張である。これには豊田も公然とは反論できなかった。正直なことを言えば、九月六日の御前会議の結論は、陸軍や海軍の主戦派を黙らせるための一時しのぎであったのもまた事実だったからだ。

堂々めぐりの論がつづいたあとに、近衛はしびれを切らしたように結論じみたことを言った。

「今どちらかと言われれば、私は外交でやると言わざるを得ない。戦争に私は自信がない。自信がある人でおやりになるといい」

これに対して、東條もまた怒気を強めて反論している。

「これは意外だ。戦争に自信がないとは何ですか。それはすでに論じられていることではないですか。今になって不謹慎ではないか」

荻外荘の応接室には気まずい空気が流れた。こうして四時間を経ても結論はでなかった。午後六時すぎになって、この会談は改めて日を置いてそれぞれが再度意見を固めて論じることになった。四人はこの荻外荘の応接室を、それこそ不機嫌なままに去っていくことになったのだ。

この会談の問題点は、東條の妥協のない戦争への道を突き進む強硬論と、実際に日米戦争が始まれば海軍が主になるのに、及川が「総理一任」と逃げた論とにあるとはよく言われている。あるいは近衛がもう少し強く意思表示をすればよかったのにとも言われている。つまるところ、この日を境に閣議でも近衛と東條の対立はなおいっそう激しくなり、ふたりだけでは会話ができない状況になった。

東條は、近衛に対して「人間、一生に一度は清水の舞台から飛び降りる覚悟も必要です」とつめより、近衛は「そんなに戦争が好きなら、好きな人だけでやるといい」と譲らなかったのだ。東條は自ら陸相を辞任するとの情報を政府内や宮中に流し、陸軍の東久《ひがしく》邇宮稔彦《にのみやなるひこ》が首相にふさわしいとの意向も流している。もっとも近衛も退陣を考え、昭和天皇にその意を伝えたときに、東條が東久邇宮を推しているとも告げている。そのとき天皇は、「皇族が政治の前面に立つのは避けなければならない。とくに今のように戦争になりそうなときは皇族が内閣を組閣するのはどうかと思う」と答えている。近衛はそれでも東久邇宮に会って、首班を拝命したらどうかと勧めていた。

十月十六日の近衛内閣退陣を受けて、東條が内閣を継いでいる。対米開戦を主張する内閣を、どうして天皇が認めたのか。天皇と内大臣の木戸幸一は、東條に開戦への道をいちど白紙に戻して改めて外交政策を練り直すことを条件にして、東條に大命を降下した。

近衛と東條の対立に隠された抗争

荻外荘の応接室の端にある机は近衛が使用していたものだというが、その机の前の椅子に座ってわたしは六十七年前の、この応接室に端を発する近衛と東條の対立に想いを馳せていた。近衛はあのとき、つまり十月十二日のあの日、四人をここから送り出したあとにどのような感慨をもっただろうか、自らの誕生日になんと不快なやりとりをしなければならなかったか、軍人たちの度しがたい石頭に苛立《いらだ》ちをもったのではなかったか、とわたし

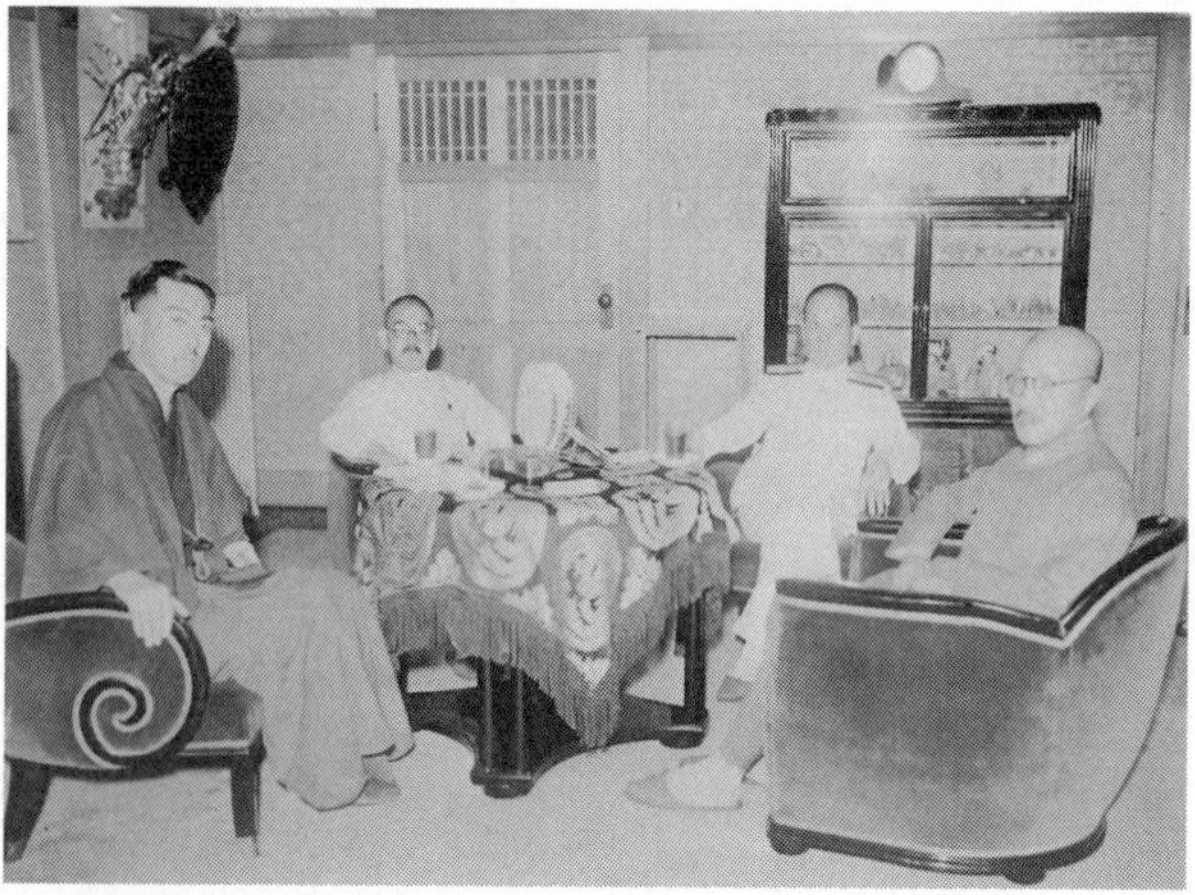

荻外荘の内部。写真は本文の1941年10月より一年ほど前の四首脳最高国策会議。向かって左より近衛文麿、松岡洋右、吉田善吾、東條英機（毎日新聞社提供）

は想像してみる。

この一件が、どうして華族の昭和史と関係があるのか、とこの稿を読んでいる人に問われかねない。しかし、わたしは近衛と東條の対立の図式のなかに、実はまだあまり知られていない抗争があるように思えてきたのだ。つまり「華族」という制度や爵位をもつ人たちと軍事指導者たちの間に、「天皇」をめぐる抗争があったのではないかと気づいたのだ。

近衛に食ってかかった東條は、実は陸軍省軍事調査部長の三国直福《なおとみ》から、「木戸幸一を中心とする宮中、それに近衛首相、外務省や海軍省の一部が連合戦線をつくってアメリカの提案を受けいれるよう陸軍を包囲しようと企てている」という情報を受けていた。それで東條は十月十二日の会談で近衛の表情を見るなり気色ばんで発言したことになる。この三国情報は半分あたっていて、木戸や近衛など十一会のメンバーは、日米交渉がどのような段階にあるか、とくに木戸と近衛の意を受けた書記官長の富田は、高松宮、牧野伸顕、原嘉道《よしみち》枢密院議長などに時局の説明に歩いている。

皇族、宮中関係者、あるいは華族の長老格の人物などは大体がアメリカとの戦争に強い拒否感をもっている。いわば華族のなかには、とくに公卿華族や旧大名の華族たちは、近衛を支持していた。木戸はむろん近衛支持の立場で天皇に報告を行っていた。

一方で東條を軸に、陸軍内部はまとまっていて、近衛は陸軍内の情報を集めたが、陸軍内部に日米交渉継続に賛意を示すものがいないことを知っていた。陸軍内部は、反近衛、反外務省、反宮中という方向でまとまっていた。それは親米英体質をもっている華族たちの優柔不断と思える態度に強い怒りを示していたのだ。あえていえば、華族的体質への反華族としての怒りが、近衛と東條の対立の背景にあった。いや東條たち昭和の軍事指導者は、近衛に代表される公卿や明治期からの勲功華族たちの現状維持的政策に戦いを挑んだという言い方もできた。

軍事指導者たちのなかには、「現状に甘えて特権をふり回す連中」との華族批判があったということだろう。むろんそこには、自分たちも武勲を立てて、華族の仲間入りをしたいとの心理もあったといえる。

華族の責任回避に利用された陸軍

一般的にいえば、この期の華族の気質について、小田部雄次が、その著（『華族　近代日本貴族の虚像と実像』）で興味深い指摘をしている。次のようにだ。

「こうした重大な国策に関わる立場にあった十一会のメンバーであるが、彼らは法制的、機構的な束縛を受けず、生来の華族という身分から得た特権的地位にあるため、政治的な最終責任をとることはなかった。軍人や官僚が低い地位から累進して地位を得たのとは対照的に、彼らは地位への未練を持たず、また責任感も稀薄であった」

この指摘は、確かに近衛にはあてはまる。いや木戸をはじめとしてこの期に有力な立場にあった華族は、軍人たちが一歩一歩梯子《はしご》をあがって権力の座に達するのに対し、初めから一定の社会的地位をもっている。東條たち軍事指導者がそのことに反撥し、それゆえに、では皇族の東久邇宮を首相の座に就《つ》けて、皇族、華族も責任をとったらどうかとの思惑があったのだろう。このことに気づくと、十月中旬の近衛と東條の対立は、表面上は対米戦を行うか、いやまだ外交交渉を行うべきかの対立に見えていながら、「華族対非華族」という構図を読みとってもいいのではないかと、わたしには思えてきたのである。

　東條が首相に推された重臣会議では、木戸が終始リード役になってこれまでの政策を変えることを条件に東條を推し、出席者の賛同を得ている。すでに東條内閣も誕生したあとの十月二十日の午前、木戸は天皇に東條を推した理由を説明している。そのあと天皇から「所謂《いわゆる》虎穴に入らずんば虎児を得ずと云ふことだねと仰せあり、感激す」と木戸日記には書かれている。

　このことも、十一会のメンバーのいずれも自ら責任をとることからは逃げたとも受け止められる。わたしは東條という首相を、昭和の首相のなかではもっともランクを低く評価する側にいるが、改めて荻外荘の応接室で視点を変えて考えてみたときに、あるいは陸軍という組織はみごとに近衛や木戸らの責任回避に利用されたのではと思ったりもするのであった。

　そう思い到ったのは、初めてであったが、それも実際に荻外荘の応接室に立ったからかもしれない。

「天皇機関説」排撃の先陣をきった貴族院

美濃部達吉の「天皇機関説」は明治憲法の常識的な解釈として、昭和天皇をはじめ社会で広く認知されていた。しかし「皇室の藩屏」たる華族が右翼に迎合し、貴族院で問題化し、明治憲法を機能不全に陥らせることになる。

宮沢俊義著の『天皇機関説事件（上下）』は、昭和四十五（一九七〇）年五月に刊行されているが、この書は昭和九（一九三四）年二月から稿を起こし、一連の天皇機関説排撃運動について詳細にレポートしている。この書の「はじめに」の部分で、宮沢は事件が始まってから新聞の切り抜きを始め、多くの資料を集めていたといい、そこで「事件についての史料をそのままならべて、それにすこしコメントをつける、という形式」（傍点ママ）で刊行することにしたのだという。

天皇機関説という歴史的事件を資料に語らせることにしたというのであった。

この事件そのものを理解するのとは別に、昭和九年に斎藤実内閣を総辞職に追い込んだ帝人事件、斎藤内閣の商工大臣である中島久万吉《くまきち》の「足利尊氏礼賛」への批判など、貴族院ではきわめて右翼的な言論が幅をきかすようになっていたことがわかる。なかんずく貴族院の男爵議員だった菊池武夫は、こうした質問の口火を切る役割を担っていたという。菊池の狙いは、宮沢にいわせると「軍国主義、国粋主義の推進であり、それへの批判に対する攻撃」であったと分析している。実際に、菊池の質問はときにその感覚を疑いたくなる内容もあった。

菊池は、「歴代の御詔勅謹解」という書をつくって、ある篤志家の金で東北六県にそれを寄贈したのだという。ところがそのうちの二県は返事もよこさない。そうした「非礼」をとりあげて、「精神上の問題に関しては、いかに地方官吏は弛緩しているか」がよくわかると詰問したりもしている。天皇の威を借りて、あるいは華族の名によって、したり顔で威張りちらすタイプといえようか。

その菊池が、昭和九年二月七日の貴族院で中島の足利尊氏礼賛問題をとりあげ、そしてその翌年には美濃部達吉の天皇機関説批判に論を進めた。そのなかに次の一節があった。

「先ず天皇『スメラミコト』と云うことを弁《わきま》え、国体を明徴《めいちょう》に致しまするということから御仕事が始まらねばならぬ。然《しか》るに今日説かれて居りまする書籍、就中《なかんずく》帝国大学あたりに用いられまする『憲法撮要』と申しますか、其他『法窓閑話』と云うような本をあけて見まする時に、我国国体に反するが如き天皇機関説などが依然として、版を重ねて、除かれないのであります」

これ以後、菊池ややはり華族の三室戸《みむろと》敬光《ゆきみつ》などが歩調を合わせて天皇機関説の攻撃に力をいれている。しかし当初は政府もまともに相手をしていなかった。ただこういう批判に、やはり貴族院勅選議員だった美濃部は、「一身上の弁明」を行っている（昭和十年二月二十五日）。美濃部は充分に自分の学説を理解せずに、「学匪《がくひ》」とか「謀叛人《むほんにん》」というのは「侮辱このうえない」と怒りを示している。そのうえで、「貴族院の品位の為に許され得ることであるかどうかを疑う者でありまするが、それは兎《と》も角《かく》と致しまして、貴族院に於《おい》て、貴族院の此公の議場に於きまして、斯《かく》の如き侮辱を加えられましたことに付ては、私と致しまして如何《いか》に致しましても其儘《そのまま》には黙過し難いことと存ずるのであります」とも述べている。

天皇も憂慮した「常識外れ」の議論

天皇機関説排撃運動はこれ以後も収まることなく衆議院にも飛び火し、最終的には美濃部は貴族院議員を辞職し、その書は発禁同様の扱いを受け、その学説は学問の府で教えられることが禁じられる。まさに「超国家主義」へ日本が変貌をとげていくそのターニングポイントともいうべき事件となって、その終結を見ている。

だが本稿では、貴族院がなぜこういう神がかりともいうべき空間と化し、そして理性的空気が一掃されてしまったのかを問う点でみていくことにしたい。このころの貴族院について、宗秩寮総裁だった木戸幸一は、天皇機関説におかしいところはないとして、当時の貴族院の空気を証言している。

「貴族院で、三室戸（敬光）とかあんな連中が、本に赤線を引いて、そこだけ読むんだナ。議会なんかで、そういう問題をやれるもんじゃありませんよ。（略）ひどいもんだったナ、あのころは。三室戸なんてのは、伊勢の内宮《ないくう》の橋の向こうにある鳥居に、節穴がいくつあるかという質問をしたり……。（笑）」

なぜ天皇機関説が問題になったのかという問いに、木戸は、「右翼と軍部ですね。要するに、天皇を取り巻く奸臣《かんしん》が居るという、一つの観念ができていたんだね。だから、牧野（伸顕）さんなんか、しょっちゅう猛烈な排斥を食っていた」と答えている。木戸だけでなく、水戸の徳川家十三代当主だった徳川圀順《くにゆき》は、明治四十四（一九一一）年以来貴族院議員だったが、「（美濃部攻撃を始めた菊池らについて）ああいう連中は常識外れですね」と一言で片づけている（木戸幸一、徳川圀順の証言は、金沢誠らの編著『華族』からの引用）。

もともと貴族院は、帝国議会では衆議院との二院制のひとつであり、皇族・華族・勅任の三つのタイプによって議員が選出されていた。定数は時代によって変化し、昭和十三年時には四百十一人となっている。貴族院議員は限られた集団の中から選ばれた人びとであり、より天皇の藩屏に近い存在として独自の地位を得ていた。

前述の三つのタイプのうち、圧倒的多数を占めていたのが華族議員だった。昭和十三年の比率をみると、華族が四百十一人のうちの約半数にあたる二百一人となっている。

貴族院イコール華族議員、そして天皇の守護役としての誇りが強いとの言い方もできた。それがゆきすぎると独善になり、鼻もちならない態度をとることになった。さしあたり天皇機関説排撃の音頭をとった議員などはそのようなタイプだった。まさに美濃部のいうように、あなたたちの「品位を疑う」という状態でもあった。そして徳川圀順がいみじくももらした「常識外れ」という語があの時代の異様さを語っている。

昭和天皇が天皇機関説排撃運動についての見解を述べているが、そのなかにも「常識外れ」を懸念する響きがよくあらわれている。原田熊雄著『西園寺公と政局』のなかに次のような描写がある。西園寺公望《きんもち》は、鈴木貫太郎侍従長がこの機関説排撃の動きがわかっているかを案じているが、その鈴木の言が原田熊雄を通じて西園寺のもとに届いた。天皇は鈴木に次のように語っていたというのだ。

「主権が君主にあるか国家にあるかといふことを論ずるならばまだ事が判つてゐるけれども、たゞ機関説がよいとか悪いとかいふ議論をすることは頗《すこぶ》る無茶な話である。（略）美濃部は決して不忠な者ではないと自分は思ふ。今日、美濃部ほどの人が一体何人日本にをるか。あゝいふ学者を葬ることは頗る惜しいもんだ」

そのうえで本庄繁《しげる》侍従武官長にも、陸軍が機関説を悪くいうのは矛盾ではないかと叱ってもいた。

原田は天皇の見識の高さに感銘を受けたと書いている。そのことは興津の坐漁荘《ざぎょそう》に赴いた折に西園寺にも克明に説明した節があった。

排撃に熱心だった伯、子、男の議員

貴族院議員は、それぞれの爵位によって選出方法が異なっていた。

公爵と侯爵は、満二十五歳（大正十四年の改正で三十歳となる）になると本人の意思にかかわらず自動的に貴族院議員になった。終身の議員であり、歳費もなかった。辞職は認められていなかったが、勅許により辞職や再任は可能でもあった。

伯爵、子爵、男爵の場合は、「（当初は）満二十五歳に達した当主の互選で選ばれた。任期は七年、その定数は時期により異なったが、死亡などで欠員が生じた場合は補欠選挙が行われた」（小田部雄次『華族』）。大正十四年の改正で、年齢は三十歳以上に引きあげられ、定数は百五十名（伯爵十八名、子爵六十六名、男爵六十六名）となったというのだ。伯爵、子爵、男爵は七年という期限があるから、歳費も支払われた。三千円だったとされている。

一口に華族出身の貴族院議員といってもこのような違いがあった。そのために公爵、侯爵はそれほど熱心に貴族院に出席することは少なく、むしろ現実の政治に口を挟まないようにするとか、自分たちで勉強会のような組織をつくり、時代と穏和な形で向きあっていた。前述の徳川圀順は公爵だが、その発言を見ても伯爵、子爵、男爵の貴族院議員とは対立することが多かったとも述懐している。

「ぼくらの会派は火曜会といって、公侯爵議員が主体で、それにごく人のわるい勅選議員の連中が入っている。ぼくや細川護立《もりたつ》や佐々木行忠なんかは火曜会に居たわけですが、伯爵議員の研究会といつも対立する。(この) 研究会というのは政府党で、いつも政府におじぎばかりして自分たちの利権をとろうとする。ぼくらの火曜会がそれを押えようとするんだけど、向こうは数が多いから、ナカナカ押えきれやしない」

伯爵、子爵、男爵の貴族院議員のなかにはその歳費を生活の費にあてる者もいたし、貴族院改革には常に敏感に反応した。自らの存在を際立たせるパフォーマンスまがいの言説をなす者がいたというのである。

美濃部の天皇機関説の排撃運動にもっとも威勢のいい声をあげたのは、一部の伯爵、子爵、男爵たちだったことがわかる。つまりこのクラスの貴族院議員は常に世論の動向を気にしていたり、あるいはその時代を動かす権力はどこにあるかを見究めて、それに追随していく傾向にあったのだ。菊池や三室戸らは軍部や民間右翼の勢いに乗じ、それに貴族院内部から呼応する動きを示したことになる。

天皇の忠臣を気どりながら、天皇自身も不快に思っている政治的動きに没入していくところに、一部の伯、子、男爵の貴族院議員の弱さがあった。美濃部は帝国学士院会員議員であり、その貴族院での定員は四名にすぎなかったが、伯、子、男爵クラスの貴族院議員は、他の勅選議員の定員がふえることを警戒していたのであろう。美濃部が、貴族院の品位を問うといったのはこういう複雑な事情を指していたのかもしれない。

坐漁荘から俯瞰し、嘆いた西園寺

昭和史のヒダの部分、つまり同時代には見えなかった部分が一定の時間を経て浮かびあがってくることが、時にある。

『西園寺公と政局』を丹念に読んでいると、この美濃部攻撃について西園寺は、常に興津の坐漁荘にあって、原田の報告を聞きながらこの期（昭和十年ごろ）の政治の動きとともに注視している。「軍部と右翼が強くなるのはよくない」という状況認識をもっているのがわかる。西園寺は、原田に対して「近衛を担ぐ連中があることをひそかにきいたが、まさかそんな者の運動に近衛が乗りはしまいとおもうが、注意してもらいたい」とも伝えている。

近衛に傷をつけてはいけないということだろう。天皇機関説排撃運動を進めているよう

往時の坐漁荘（興津坐漁荘提供）

な連中に担がれてはいけないというのであった。

原田はその忠告を近衛に伝えているが、近衛はそんな連中の道具になるのはまっぴらごめんといい、「どうか充分御安心願いたい」との返信を伝えている。

原田が西園寺のもとを訪ねて、天皇機関説排撃運動の異様さを報告した折に、西園寺は明治二十年前後の憲法案の作成されるころに、自らヨーロッパにあって、ウィーン大学のスタイン教授の意見を聞いたときの思い出話を紹介している。

「スタインは『国家といふものは体軀《たいく》のやうなもので、要するに天子は首――即ち元首である』といふやうな話をしてゐたが、なにもスタインばかりでなく、支那あたりでも『元首』とか、『股肱《ここう》旺《さか》んなる哉』といふ言葉なんかがあるぢやあないか」

興津にある坐漁荘の一室で、明治憲法制定のころの話をしながら、それから四十四年後の今、なんとつまらぬ議論をしているのだろうと嘆きたかったのだろう。

わたしはその興津の坐漁荘に行って、昭和のある時代を見つめた元老の目線の先を実際に確かめたいと痛切に思った。

最後の元老・西園寺公望、坐漁荘での日々

元老・西園寺公望は大正八年末以来、興津の別荘からその時々の首相を推薦し、議会政治を育成していった。五・一五事件を契機に、軍部が急速に政治に容喙しつつある時、西園寺は何を考えていたのだろうか。

昭和という時代にあって、最後の元老と称されたのが西園寺公望《きんもち》である。西園寺は、右大臣徳大寺公純《きんいと》の二男として、嘉永二（一八四九）年十月二十三日に生まれている。幼少時に徳大寺家と同じ清華《せいが》家《け》の西園寺家に養子として入っている。

明治三（一八七〇）年から十年間フランスに留学した。ここで西園寺はパリ・コミューン動乱を目の当たりにし、きわめてリベラルな考えを身につけている。日本に戻って政治家の道を歩むことになり、明治二十七年に伊藤博文内閣の文部大臣に就任している。明治期には二度、首相となっているが、大正期に入ると元老として独自の役割を果たしている。

元老という語は、昭和史では西園寺のみに使われるのだが、そもそもこの役割は何なの

だろうか。『岩波　天皇・皇室辞典』からの引用になるが、「明治中期から昭和初期にかけて、天皇の国政上の最高顧問として（略）後継首班を銓衡《せんこう》したり、内政・外交および皇室の重要案件について最終的な国家意思を決定する際、強い影響力を持った国家指導者たちの一団」と定義されている。憲法上で定められた存在ではなく、天皇の信任の篤い明治国家発展に寄与した人物が就《つ》いたポストということになろうか。

伊藤博文、井上馨《かおる》、山県有朋、黒田清隆、松方正義、西郷従道《つぐみち》、大山巌の七人が明治天皇のもとその任にあたった。大正期に、桂太郎と西園寺が加わったが、これは山県有朋の思惑によるもので、この九人が元老と称された。しかし大正十三（一九二四）年に松方が死去してからは西園寺だけが元老のポストに就いていた。元老に就くものをふやそうとの意見もあったが、西園寺はそれに反対し、昭和に入ってはただひとりの、そして最後の元老として、その役割を担った。

といっても後継首班を天皇に奏薦するのがもっとも大きな仕事で、政党政治を信奉する西園寺は、常に多数党の指導者を推挙するかたちを守った。西園寺にすれば、山県のような政党嫌いの元老がでれば、日本の政治が藩閥《はんばつ》政治に戻りかねないとの懸念があったのだ。実際に九人の元老をみても、西園寺を除いてはすべて薩長の藩閥出身者でもあった。

西園寺は明治十七年に華族令が制定されたときに侯爵となり、大正九年にパリ講和会議の際の功で公爵へと陞爵《しょうしゃく》している。

昭和に入ったとき、つまり昭和天皇が即位したとき、西園寺はすでに七十七歳であった。二十五歳の天皇は西園寺にとって、まさに孫のような年齢である。自らの肉体的な老いとこの天皇がどのような君主に育つかというふたつの思いをかかえこみながら、西園寺は元老という職責を全うしていた。後継首班を推挙するといっても、政治や軍の情勢を熟知していなければならない。それで原田熊雄を情報役として雇い、自らは静岡県興津にある坐漁荘で老いの日々をすごしていたのである。

公の所期と全く相反するものあり

「興津の坐漁荘」という語はむろん西園寺の存在を指す語でもあるが、この空間は昭和前期には後継の首相が決められる場でもあった。そこには明治期からの良質のナショナリズムやリベラリズムがまだ残っていたし、千年にわたり天皇家と運命を共にしてきた清華家の天皇の藩屏《はんぺい》としての精神も残っていた。華族のなかでも公卿華族は天皇と運命共同体の関係にあるとの覚悟があった。

平成二十年六月のある一日、わたしは出版局のAさんと写真記者のMさんと三人で、静岡駅からこの坐漁荘に車を走らせた。東海道本線沿いの興津駅近くにあるのだが、今は清水区として静岡市に含まれる。静岡駅からは意外に遠く、正直なところ、昭和の初めに東京からこれほどまでに離れた地に住んで、西園寺は元老という職務をよく果たせたものだと、妙に感心した。たぶん当時は、時間の動きは現代よりもはるかにおそかったのだろうと思ったりもした。あるいは西園寺は、東京に自宅をもっているにもかかわらずこの地で一年の大半を過ごしたというのは、権力空間を離れ、この地から「東京」を眺めながらさまざまな政治的計算をするためかもしれなかった。

国道一号線沿い近くに坐漁荘の入口があった。注意して見なければ、見逃してしまうほど質素な入口だった。「西園寺公望公別邸興津坐漁荘」というパンフレットをもらったが、まったく同じこの地に坐漁荘を復元して建て、静岡市が一般に公開しているのだという。といっても入場料をとるわけでもなく、「興津坐漁荘観光ボランティア」の名刺をもつ人たちが、まったく善意でという形でこの坐漁荘の内部を案内してくれるのである。なにやらその存在は昭和史に関心をもつ者か、西園寺の役割に興味をもつ人のみが対象になっているようで、わたしはこれが本来の坐漁荘らしくていいのではと思ったりした。『木戸幸一日記』や『西園寺公と政局』を見ても、内大臣の木戸がときにこの地を訪ねても近くの旅館に一泊して、そして西園寺を訪れていることがわかる。つまりは当時、西園寺に会いたい要人は東京から自らのスケジュールを二日間つぶしてやってきたのだ。

この日は地元住民らしき人が二、三人この坐漁荘を見学していたが、この場所やその内部も「私に関心をもつ人だけが来なさい」とつきはなしているようで、わたしはそのこと

列車を待つ西園寺公望（興津坐漁荘提供）

にむしろ心が和《なご》む思いがした。

西園寺がこの地に移り住んだのは大正八年という。坐漁荘の客用玄関前に碑があり、そこに財団法人西園寺記念協会の理事を務めていた岡義武東大名誉教授（当時）が昭和四十六年に坐漁荘の主要部分が明治村に移築された折に一文を寄せている。そこに坐漁荘の辿《たど》った歴史が簡潔にまとめられている。冒頭の一節を引用しておこう。

「坐漁荘は、公爵西園寺公望の旧居、大正八年一二月に建築された。その敷地は一二五五・九六平方メートル、前庭をへだてて清見潟の波光る景勝の地であった。建物総面積は四六〇・二七平方メートル、二階建、瀟洒《しょうしゃ》雅致《がち》ただよう和風建築であり、洋間一室とテラスとが附属していた」

なるほど西園寺が訪れてくる要人と会った客間用の和室からは、海が見え、波が砂浜をゆっくりとおしよせるのが見えたことがわかる。もっとも今は波の音などはまったく聞こえてこない。この客間に座っていても、むろん西園寺その人の老いていく心境などわかるわけはないと思いつつ、昭和という時代がこの元老にとっては日々不安であっただろうことは容易に想像がつく。

碑文には、次の一節もある。

「公はかねて国際間の平和とわが国立憲政の発達を念願してやまなかった。しかし満州事変以後わが国政治の動向は公の所期と全く相反するものがあり公は破局的事態の到来をふかく危惧しこれを阻止せんがため元老として実に焦心苦慮を重ねた」

西園寺にとっての昭和とは、このような表現がふさわしいだろう。

軍部に屈せず欧州型市民社会望む

わたしが興味をもつのは、岡のいう「わが国政治の動向は公の所期と全く相反するもの」という一節であった。昭和七（一九三二）年の五月十五日のいわゆる五・一五事件（陸海軍将校と農民有志が軍部独裁政権をめざし、首相官邸の犬養毅《つよし》首相らを襲い暗殺した事件）によって、昭和の政党政治は終わってしまう。それまでは西園寺はつねに議会の多数党から首相を選んでいたが、この事件のあとは軍部の圧力が強まったこともあって、ひとまずの処置として枢密顧問官の経験をもつ斎藤実を首相に推している。結果的にこれ以後、政党から首相が選ばれなくなったのである。

これが昭和のつまずきでもあった。

この事件のあと、侍従長の鈴木貫太郎が密《ひそ》かに坐漁荘を訪ねてきて、天皇の希望を伝えていった。そこには「首相ハ人格ノ立派ナル者」とか「ファッショニ近キ者ハ絶対ニ不可ナリ」といった項目があった。むろんこれに西園寺は異存はなかった。西園寺自身、多数党である政友会の指導者（鈴木喜三郎《きさぶろう》）を推すつもりであった。

ところがこの興津の坐漁荘には、政党政治反対、軍部との協力内閣をと主張する軍人や民間右翼が次々と押し寄せてきた。興津町一帯に多数の警官が護衛のために立っていたという。西園寺はこういう動きに眉をひそめながら、それでもまったく動じていない。八十歳をとうに超えているこのときも、西園寺は、日本にもヨーロッパ型の市民社会をつくることを理想としていたのである。

こうした動きのなかでも象徴的な事件があった。五月十九日午後一時すぎ、静岡発の列車で西園寺は東京に出ていくことになった。東京で次期首相を決め、その人物名を天皇に伝えようというのであった。ところが沼津から秦真次憲兵司令官が乗りこんできた。そして西園寺の車両に入り面会を求めた。これに対して原田熊雄は、「西園寺公は高齢でもあるし、今は疲れているから」と体よく断っているのに、サーベルで床を叩き、「今を何と心得ている。国家非常時ですぞ」とすごんだというのだ。

仕方なく原田は秦を西園寺の前に連れていった。それから東京までの車中、秦は今回の五・一五事件は青年将校たちの義挙だと賛え、軍部の意向を伝えたとされている。それがどんな内容だったかは明確な証言がのこされていないのでわかっていない。しかし皇道派の軍人だった秦が、恫喝を加えながら親軍部の政権をつくるよう圧力をかけたことは容易に察せられる。

東京に着いた西園寺はきわめて不機嫌であった。このあと西園寺は駿河台にある自宅に陸海軍の長老や政党の指導者などを相次いで呼んでいる。そしてつまりは前述のように斎藤実を首相に推すことになるのである。このとき西園寺がどのような胸中であったかは今ではわからない。ただ岡のいうように「焦心苦慮を重ねた」ことは間違いない。

近衛文麿を育成しようと腐心して

日本の進路がかわっていく五・一五事件のあと、西園寺はこの坐漁荘で何を考えていたのだろうと、わたしは坐漁荘のなかを行ったり来たりしながら考えた。この日、坐漁荘の説明役としてボランティアの川口金吾氏があたってくれたが、「西園寺さんを訪ねてきた人のなかでも玄関口で応対されるお客と、客室に通されるお客とはむろん違っていたようです。そういうメリハリをつけているところが、やはり西園寺さんの目くばりだったともいえるのではないでしょうか」というが、わたしもまったく同感だった。西園寺はこの地にあって、誰がもっとも日本社会を自らと同じ思いで動かしてくれるかとそればかり考えていたのである。

そしてその視線の先には、これまでなんども記してきたように近衛文麿を重要な政治指導者に育てようという考えがあった。いや西園寺は坐漁荘にあって、真にこの国で頼りになるのは、天皇とともにこの国をつくりあげていくには、歴史を踏まえた華族しかいないとの思いがあったのではないか。西園寺は軍事指導者たちとはほとんど接触しなかったが、それは彼らが単に戦争という特異な領域での役割を果たすにすぎず、日常の政治空間に必要な人心掌握術などまったく考えたこともないと内心では軽蔑していたからではないか。わたしに「武家と王権」という語が浮かんだ。西園寺は軍人が嫌いというのではなく、軍人を政治の指導者につけてはいけないとの信念をもっていたように思われる。

なぜこう考えるかというと、デイビッド・タイタス著、大谷堅志郎訳の『日本の天皇政治 宮中の役割の研究』（昭和五十四年刊）のなかで徳大寺実則《さねつね》（西園寺公望の実兄）をとりあげ、日本の社会的政治的エリートとしての人脈づくり（婚姻や養子縁組）で華族のなかにどれほどの勢力を築いたかを紹介している。これは木戸幸一にもいえることだといい、「徳大寺公爵と木戸侯爵の姻戚関係があざやかに示しているのは、戦前期の日本のエリート層を結び合わせていた鉄のごとき家族のきずなである」と分析している。

西園寺自身はこうした閨閥《けいばつ》づくりには距離を置いたかに見えつつ、実際には華族に対する強い思いがあり、近衛をどのように昭和の政治指導者に育てあげるかに腐心していたように、わたしには思えてくるのである。

西園寺公望と日本の政治の「死」

西園寺は昭和十五年十一月、坐漁荘で息を引き取った。新体制運動から大政翼賛会結成へと、近衛たちは西園寺の死を待っていたかのように、結果的に議会政治を「死」に追いやっていった。

元老西園寺公望が終《つい》の栖《すみか》とした興津町の坐漁荘は、子爵渡辺千冬《ちふゆ》の命名による。渡辺が大正十四（一九二五）年と十五年にこの別荘を訪れたときに、西園寺から命名を依頼されたのだという。渡辺はそこで周の文王の故事にある一節（群漁者有　一人坐漁＝群漁に一人坐して漁する者あり）を進めたそうだ。のんびりと一人坐って魚釣りをして過ごすの意にもとれるが、結局、時代は西園寺にそのような生活を許さなかった。

この坐漁荘で、西園寺が人生を閉じたのは、昭和十五（一九四〇）年十一月二十四日の午後九時五十四分であった。現在、この坐漁荘には、西園寺に関するさまざまなパンフレットがあり、そのひとつ「終焉」と題するパンフレットには、最期の様子が次のように書かれている。

「一九四〇年（昭和十五年）十一月二十四日午後七時危篤状態におちいり、眠ったまま午後九時五十四分、静かに息を引き取る。枕元には、勝沼（精蔵）医師のほか二名の医師と看病にあたっていた娘高島園子、女中頭の漆葉綾だけが詰めており、養嗣子八郎や原田（熊雄）・中川（小十郎）らの側近たちは、隣室に控えていた。公一はじめ不二男・雪子・愛子ら孫たちは、水口屋に待機。翌日になって、主要な弔問客が一段落した後、やっと別れのあいさつをすることができた」

死因は腎盂炎《じんうえん》とされているが、実際には老衰による眠るような死だったといえるだろう。西園寺死す、の報に各界からの弔問客千人余がこの町に押し寄せたというのである。西園寺は興津町民として居留届けを出していたために、町民も坐漁荘にかけつけたというし、前述のパンフレットには、「十一月二十八日昼過ぎ、棺《ひつぎ》は、興津の警防団員の肩に担がれ、坐漁荘前から興津駅までの沿道に、ほとんどの町民をはじめ婦人会・小学生らは整列。現在の中学生以上の年齢の者たちは、当時、旧清水市の学校へ通学をしていたのだが、昼より全員早退の指示が出され、興津駅周辺に整列した」とある。

興津駅では喪章をつけた国鉄職員の手で、棺は特別霊柩《れいきゅう》列車に乗せられ、町長や町の有力者も同乗して東京にむかった。こうして大正八年から移り住んだこの町から去っていった。

西園寺の葬儀は国葬と決まり、十二月五日に東京の日比谷公園で行われた。葬儀委員長は近衛文麿であった。『木戸幸一日記』には、この日午前八時からの国葬に参列し、「世田ヶ谷の墓所に至り埋葬に列し」との記述がある。そして、この世田谷で、「近衛公より経済新体制覚書云〻の件の経緯を聴く」ともあった。西園寺の嫌っていた新体制運動が現実に形を整えていく過程を確認していたのである。

西園寺は、嗣子八郎に四項目の遺言を書きのこしていた。そこには「デスマスク並に死顔の写真は絶体《ママ》写すべからず」「我が伝記編纂すべからず、する者有らば一切断る事。並に銅像彫刻等も同じ」とあった。さらに「私書並に報告類等総べて焼却し終れり」ともあったために、坐漁荘にあった近代史の重要な史料になったであろう書類は焼却されたという。西園寺は昭和史のなかに自らが存在したことさえ消し去ろうとしているかに見えるほどだった。

「どうも新体制とかいっているが」

昭和十五年十一月に「西園寺公望」が死去したことはきわめて象徴的な意味がある。それゆえに「華族たちの昭和史」の系譜のなかでもとりあげなければならないのである。月並みな言い方になるが、実際に政治権力がなくても、その人物が存在しているだけで、時代の空気がその人物によってつくられていると思えるケースがある。西園寺はまさにそのような存在であった。

西園寺は単に一個人ではなかった。「西園寺公望」という固有名詞は一般名詞化して、そこにはさまざまな意味がかぶせられた。憲政擁護、自由主義的体質、西欧風市民的感覚、反軍部の自由人、歴代天皇の指南役、さらには華族という階層の宮廷政治実践者といったイメージもある。しかしその真実の姿は、岩井忠熊《ただくま》がその著（『西園寺公望　最後の元老』）で指摘しているように、「西園寺がもっとも警戒したことは、結局、皇室に累を及ぼし、『陛下の御徳を傷つける』ことにほかならなかった」という点にあるだろう。天皇とはその制度以前に、西園寺にとって「血縁や情」でつながっているがゆえに、余人には理解しがたい感情をもっていたのであり、近代日本でも、天皇を大日本帝国憲法のもとでいかに守り抜くかが、最大の判断基準だったという意味でもあった。

西園寺は、十一月十二日から発熱がつづき、勝沼医師が呼ばれて症状が重いことを知らされた。しかし勝沼医師の治療で少しずつよくなったが、もう二十年以上も侍医であった勝沼に初めて政治的な見解を口にしたというのである。勝沼の「病気になられて、国事について、私にまでいろいろなことを言われたのは今度が初めてだ。内外の政情に対する心配が、非常に身体に利《き》いているようだ。『どうも新体制とかいっているが、国が二つできるようなことじゃあ困る』とか『外交もどうもこれじゃあ困る』とか独りで言っておられた」という証言が、前述のパンフレットに記されている。

紀元2600年を祝う記念式典でにぎわう皇居前広場（読売新聞社提供）

いわばこれは遺言だったということになる。この言には、近衛を始めとする有馬頼寧《よりやす》、岡部長景《ながかげ》、木戸幸一ら十一会の華族たちが新しい政治勢力として進めている新体制運動そのものへの批判がこめられている。いやわたしには、西園寺は次の世代を担う天皇側近たちに対しての、「おまえたちの行おうとしていることはどうも不安だ」との遺言ではなかったかとも思われるのだ。実際に、西園寺という重しがとれてから、いやその健康状態が悪化し、その死の時期が人々の口の端《は》に上りはじめた昭和十五年の初めから、日本の進路はそれ以前とまったく様がわりしている。

昭和十五年は、皇紀二千六百年として、独得の時代の空気を醸《かも》しだしていくが、それがそのまま年譜にあらわれているのである。

一月　日米通商条約失効（日米無条約時代に）／二月　斎藤隆夫反軍演説（除名）／三

月　汪兆銘《おうちょうめい》、南京国民政府樹立／六月　近衛、枢密院議長を辞任、新体制運動の推進を表明／七月　社会大衆党解党（以下、各政党の解党相次ぐ）／七月　畑陸相の単独辞職で米内内閣倒閣、第二次近衛内閣成立／九月　日本軍北部仏印進駐／九月　日独伊三国同盟成立／十月　大政翼賛会発足／十一月十日　紀元二千六百年式典行われる。

こう見てゆくと、議会政治の解体、独伊との提携による反英米的外交、北部仏印への進駐、日中戦争の泥沼化といったことが窺《うかが》えてくる。このいずれにも西園寺は反対していたのである。しかし年齢を重ねていたこともあって、元老としての職務も充分に果たせなくなっていたし、西園寺自身、自分は今ではこの社会のことがわからなくなっているとも洩らしていた。

第二次近衛内閣の成立にあたっても、西園寺は近衛を天皇に奏請する役割は引き受けなかった。つまりは重臣会議が近衛を推すことになったのだが、西園寺は時代から身を退《ひ》くことに決めていたのだ。しかしその胸中は、いみじくも勝沼医師に洩らしたように、新体制運動には強い批判をもち、これがこの国の行く末をおかしくするだろうと案じていた。

孫が耳にした公望の苛立ちや不満

わたしは、坐漁荘の室内に飾られている西園寺その人の業績を賛える記述を見やり、その和室の一隅に座りながら、西園寺はこの一室で最期の、つまり自らの死を自覚していったときのその胸中はどのようなものだったのだろうとなんども想像してみたのである。この六月の陽射しの強いとき、十一月の寒さに思いをめぐらすのは、しかも六十八年も前のその死を思うのは、あまりにも現実ばなれをしている。しかしこの空間に宿っているのは、昭和という時代の、それも太平洋戦争に入るまでの道筋を憂《うれ》えていた一公爵の無念の思いであるように、わたしには感じられるのであった。

西園寺公望の孫にあたる西園寺公一《きんかず》がインタビューに答えて著した『西園寺公一 回顧録「過ぎ去りし、昭和」』（平成三年刊）という書がある。公一は公望の最期を看取《みと》ったひとりだが、この書のなかで、「この当時の平均寿命からしても、じいさんは長生きだったし、死にかたとしてもわりあい幸せだったよね。だって、何とかして戦争をとめようとしていたのに、死んだ翌年には真珠湾攻撃があるわけだろう。日本とアメリカの戦争を見なくてよかったのだもの」と述懐する。そして次のように言う。

「じいさんは、最後まで相当うるさいことをいう人だったね。死に際でも、日本の将来や、近衛さんのやり方を随分心配していた。でも、最後は、どこかで諦めていたのじゃないかな」

西園寺公望に目をかけられていた公一は、そのころ三十六歳になっていたが、ときに公望の苛立《いらだ》ちや不満を耳にしていたのだろう。この書でのその証言は、歴史的にも価値があるように思える。

近衛は西園寺にその役割を期待されていたにもかかわらず、それに応えようとはしなかった。いやそれは近衛に限らず十一会の若手華族たちはいずれも西園寺の考えていた道とは逆の道を進むことになった。それがこの年の皇紀二千六百年の大政翼賛会にゆきつく新体制運動だったのである。

第二次近衛内閣のもとで新体制運動は、日中戦争が軍事的に限界に達していることに乗じて、新しい東亜の新秩序を模索しようというものだった。当初は中国を含めて東亜の新秩序を企図したのであったが、それはしだいに変化していった。

この運動は近衛周辺の有馬頼寧、岡部長景らの十一会のグループや後藤隆之助《りゅうのすけ》などの知己グループが軸になっていたが、やがて軍部の政治将校や政党内にあった親軍派の議員、さらには言論人や学者が入りこんできて、またたくまに皇紀二千六百年に呼応するような神がかりの言を吐く者が前面にでてしまうことになった。新体制運動をめぐる具体案づくりも回を重ねるにつれ、たとえばその綱領草案なども、「八紘一宇《はっこういちう》の皇謨《こうぼ》にもとづき東亜新秩序を建設し、以《もっ》て世界平和の確立に寄与せんことを期す」という具合に、皇道主義に変質していった。

このころのことを、わたしは昭和六十年代の初めに、近衛の秘書だった細川護貞《もりさだ》に取材で確かめたことがあった。その折に細川は、「新体制運動は近衛の企図している方向からしだいに離れていったといい、この運動の中心にいた有馬頼寧もどうにも動きが止められなくなった」と述懐していた。そのうえで、「有馬さんの名をもじって、有馬頼りねえ（頼寧）といわれていました。それだけ軍部や親軍派からの圧力が大きかったということでしょう」と語った。

実際に、有馬はいささか神がかりの方向に新体制運動が進むことに苛立っていただけでなく、人事についてもあれこれ口を挟む者が多く動きがとれなくなっていった。

大政翼賛会発足の中、西園寺死す

それでも有馬が事務総長兼総務局長に就き、常任顧問に及川古志郎《こしろう》、風見章、東條英機、中島知久平《ちくへい》、安井英二が名を列ね、名称も大政翼賛会とすることになった。この案が近衛内閣の閣議で決まったというのだから、大政翼賛会は政府おかかえの組織となることを意味していた。これは九月二十七日の閣議での決定だが、はからずもこの日ベルリンで日独伊三国同盟の調印が行われている。日本が国内外でもっとも危険な方向に進んだときでもあった。

西園寺の容態が悪化していく十月十二日は、首相官邸大ホールで大政翼賛会の発会式が行われた。この日が選ばれたのは、近衛の誕生日にあたるからだとの説もあった。この発会式で近衛は総裁という立場で挨拶もしている。そのなかで、「本運動の綱領は、大政翼賛の臣道実践ということに尽きる」とも言った。右翼陣営やそうした考えに傾いている人たちにはこの挨拶は歓迎されたというのである。ただこの大政翼賛会運動のなかで経済新体制運動には小林一三《いちぞう》のような消極的な人びともいて、そこに軋轢《あつれき》も生まれた。

西園寺が死去したのはこのようなときだったのである。近衛や木戸、そして有馬らがしだいに軍部に引きずられ、やがて戦争への道に入っていくことを黙認するのは、西園寺という重しがなくなったからだとわたしは思う。

今では坐漁荘周辺は家も建ち、埋め立ても進み、かつての海浜は道路になっているが、そうした風景に目をやると、昭和の元老という言葉がやはり西園寺にはふさわしかったとの思いも浮かんでくる。

そういえば、西園寺は昭和十五年にはいると、住み込みの運転手にこの辺り一帯をしきりにドライブするよう命じたという。時代に倦《う》み、浜辺で海を見つめ、峠に立って山々を仰ぎたいと考えていたのではないか。

東條英機は爵位を欲していたか

東條をはじめ日米開戦時の軍事指導者たちの胸中には華族への侮蔑と憧憬が入り混じっていた。戦争に勝ち、日露戦争の東郷や乃木のように英雄として爵位を得ようとの密かな野心が、開戦へ向かわせたのではないだろうか。

華族たちの昭和史を検証するにあたって、わたしはある仮説を立てていた。それは、日本がアメリカやイギリスとの戦争を最終的に決意し、実際に軍事行動に踏みきるまでのプロセスに、未だ解明されていない構図があるのではと考えたからである。

具体的には、昭和十六（一九四一）年十月十八日に東條内閣が誕生したが、これによって主戦派が政権をにぎったと思われた。元老西園寺公望の孫である公一は、このとき近衛前内閣の嘱託という立場で日米交渉に協力していた。その公一が近衛首相が退任したあとに東條が首相に就任したと聞いて、「このニュースを聞いた原田熊雄さんは涙を流して泣いたということだが、僕もまったく同じ気持ちだった。既に御前会議で日米交渉決裂なら戦争、と決まっているところに、戦争をやりたくてしかたがない東条が首相になったのだ。結果は決まったようなものじゃないか」(『西園寺公一　回顧録「過ぎ去りし、昭和」』)と述懐している。それほどの衝撃を与えたのだ。

歴史的にみれば、この大胆な首相人事は内大臣の木戸幸一が、昭和天皇の意思を付度《そんたく》しながらこれまでの対米強硬策の白紙還元を条件に決定したという経緯があきらかになっている。天皇の「虎穴に入らずんば虎児を得ずだね」という言が物語っているのは、毒を以《もっ》て毒を制すということだった。

しかしともかく東條は首相として、表面上は確かに白紙還元を試みるが、結果的に組閣から五十日後には開戦となっている。

わたしの推測では、東條をはじめ陸海軍首脳のなかには、〈日米開戦＝日本の勝利＝救国の英雄〉という構図を意識している者が多くいて、とにかく戦争によってお国に奉公したいと願っていたと思える。しかもその心理の底には、お国に奉公とは具体的に勲章を多くもらいたいとの欲、それは究極には「華族」という称号を手に入れたいとの名誉心につき動かされてのことだと考えられる。それをもとにしての仮説となるのだが、軍人として国家に奉仕しているとの自覚をもつ東條らの「華族待望組」が、過剰に対米英開戦を望み、そして戦争の形態をより悲惨なものにしていったのではないかという説なのである。

静岡市興津にある坐漁荘《ざぎょそう》、そして東京・杉並にある近衛邸周辺、東京・駒込の天理教の敷地に移された荻外荘《てきがいそう》。そうした空間に身を置きながら、あるいはその周辺を散策しながら、その空間に宿っている近代日本の華族という誇りやその自負に、軍人たちはときに羨望《せんぼう》を感じ、ときに屈伏し、ときに強腰になって圧力をかけたのではないか、とわたしには思えた。

両者の間には、天皇をはさんで複雑なわだかまりがあり、軍人は自分たちこそ軍人勅諭という芯《しん》をもち、お国に奉公しているとの歪んだ誇りをもっており、公卿華族などはまさに歴史の飾り物として受け止めていたのではないか。東條を例にとるが、東條は揮毫《きごう》を求められれば必ず「努力即権威」と書いたという。努力をすれば相応の社会的、政治的権威をもつというのであった。東條の言動を個別に見ていくと、明らかに「昭和の華族」を意識していたことが分かる。

木戸の交際記録から見られる変化

興津の坐漁荘の門の前に立って、わたしはなんども西園寺が生きていたら太平洋戦争は起こっただろうか、いや起こったとしても現実の年譜に刻まれているような展開になっただろうか、と自問自答したものだ。そして、華族と華族待望組の確執という仮説をわたしなりに確かめたいとも思ったのである。

デイビッド・タイタスというアメリカの日本研究者がいる。「コロンビア大学および同大学院に学んだのち、昭和三八年から四〇年までの三年間、日本で研究生活を送った」（タイタス著、大谷堅志郎訳『日本の天皇政治　宮中の役割の研究』）というタイタスは、『木戸幸一日記』を詳細に分析して、「政治的人間像や政治的行動の統計的分析という実証的裏づけを与えた」（同書の訳者まえがき）論文を発表した。それが、『日本の天皇政治』ということになるのだが、ここには日本の研究者が見落としていた視点がみごとに指摘されている。

タイタスは、木戸の昭和七年（内大臣秘書官長）、昭和十一年（宗秩寮総裁）、そして昭和十六年（内大臣）と役割の異なる三つの期間を通して、どのような人物とどの程度の時間会い、また年間をつうじてどれだけの回数会ったか、などのリストをつくり、それをもとに宮中グループがどのような役割を果たしたのかを解明しようと試みた。もとより木戸の交際相手には、公的な関係での出会いや私的な会合での語らいなどがある。それがその折々のポストにあってどのように変化したかを見ていこうとした。

この書のなかから、昭和十六年に木戸が内大臣になったあとに、同世代の華族の集まりである十一会の仲間とどれほど会っていたかを見ていくと、開戦にゆきつくまでに「華族」たちがほとんど影響力を失っていったことがわかるというのだ。

十一会の華族は十三人である。この十三人とは、木戸は大正半ばから交遊を深め、大正期には「若手華族」と評されていた。しかしこの期（昭和十六年）になると、彼らは一様に中堅世代となり、社会的にも重い役割を果たしていた（すでに紹介したように、大政翼賛会運動を主導的に進めた有馬頼寧などがそうである）。日本の進路にそれなりに影響力をもっていたのだ。昭和十六年に十一会の十三人と木戸との会合の回数は以下のようになる。

〔注・（ ）内は昭和十一年の回数。引用はいずれも前述のタイタス書からである〕

原田熊雄	10（73）
岡部長景《ながかげ》	8（26）
近衛文麿	93（34）
酒井忠正	4（6）
黒木三次《さんじ》	7（8）
織田信恒《のぶつね》	6（11）
佐々木行忠	4（11）
裏松《うらまつ》友光	7（10）
相馬孟胤《たけたね》	0（4）
松平康昌	33（43）
広幡忠隆	7（31）
有馬頼寧	2（4）

柳沢保承《やすつぐ》　5（0）

こうした交際の範囲から、タイタスは興味ある分析を幾つか引きだしている。昭和七年、十一年、十六年に木戸が会った政治、軍事指導者、財界人、官僚、言論人などのリストと見ていくと、この華族たちとの会合は極端に少なくなっている。タイタスの分析を参考にすると、昭和十六年に木戸と十回以上会っている華族は、原田熊雄、近衛文麿、そして松平康昌である。松平は、木戸の部下にあたる内大臣秘書官長だから仕事の関係ということになる。近衛は、首相であったのだから、当然といえば当然である。近衛が天皇と会うときは、必ず木戸を通していたから、逆にいえば、近衛はこれだけの回数を天皇と会見したともいいうるわけでもある。

「昭和の新華族」目指した要人たち

木戸がこの年にもっとも会ったのは、むろん天皇（三百十三回）であり、つづいて近衛、そして以下のようになる。

蓮沼蕃《しげる》侍従武官長（八十二回）、松岡洋右《ようすけ》外相（五十五回）、松平恒雄宮内大臣（四十五回）、東條英機陸相・首相（四十四回）、松平康昌（三十三回）、百武《ひゃくたけ》三郎侍従長（三十二回）、山崎巌警視総監（二十七回）となるが、以下、小松侯爵家（長男の妻）、和田小六（弟）、広

瀬久忠（内閣法制局長官）、豊田貞次郎（商工相・外相）、鈴木貞一（内閣企画院総裁）、甘露《かんろ》寺受長《じおさなが》（侍従次長）とつづいていく。その数は総計で三十四人となっている。

これだけ幅広い交際範囲のなかで木戸は華族の仲間たちとはなかなか会う機会がない。タイタスはこの減少について、「天皇と政府の間を結びつける第一のリンクである内大臣として、木戸が、調整者の役割を担ったことに求められる」と指摘している。そして次のように書いている。

「一九三〇年代の政府要人たち――じつは宮中の要人もそうだったのだが――の大部分は、国家・社会への貢献のゆえに最終的には爵位をうける可能性はあるにしても、有爵華族ではなく、現実政治の世界で仕事をする人間だったからである」

木戸は、この期の政治的、軍事的に影響力をもつ指導者と会っていたことになるが、これらの人物は次代にはいずれも「華族になる可能性」を秘めた人物たちだったという意味になる。これらのなかには心中ひそかに華族待望組がいたとしてもおかしくはないだろう。このことは、十一会に代表される有爵華族のなかで、実際に政治的な力をもっていたのは近衛だけということになり、華族は政策決定の場からはほとんど影響力を失っていたことになる。

もっともそうはいっても、木戸も明治維新に功のあった勲功華族の系譜に連なる者であり、天皇の大権を現実に動かす実力をもっていた。それだけに木戸は、昭和十六年の日本の政治・軍事が〈吉（その意味は多様に理解されるが）〉とでたならば、昭和の新華族を生みだす原動力となっていたとも推測される。

「元寇の北条時宗、現代の東條英機」

昭和六年の満州事変以降、日米開戦までに、陸海軍の軍人たちで爵位を受けた者は、昭和七年の白川義則、八年の奈良武次、武藤信義、そして十年の荒木貞夫、大角岑生《みねお》、本庄繁、十一年の鈴木貫太郎の七人である。本庄繁は侍従武官長時代に爵位を受けているが、ここでは満州事変当時の関東軍司令官という肩書はマイナスになっていない。むしろ本庄の前の関東軍司令官だった武藤信義とともに、満州事変そのものは勲功となったとも解することができる。とはいえ、この段階で叙爵が終わっていることは、なかなか含蓄深いともいえる。

次のような解釈が可能だからだ。「つまり、一九三七（昭和十二）年七月の盧溝橋事件から一九四五（昭和二十）年八月の敗戦まで、八年におよび、日本は中国全土から東南アジアに大軍を派兵し、多くの『戦果』をあげてきたが、このことに対する叙爵はなされなかった」（小田部雄次『華族　近代日本貴族の虚像と実像』）

日中戦争、太平洋戦争の間は、平賀譲《ゆずる》が死去に際して叙爵しているだけだ。太平洋戦争の期間、天皇のもとには東條を始めとする軍事指導者たちから、戦果が挙がるたびに勅語をだしてほしい、となんども催促があった。これに対して、木戸は天皇と相談しながら勅語はほとんどだしていない。戦後すぐに、天皇は侍従次長の木下道雄に、「内閣からはなんどか勅語をだすよう言ってきたが、私はそれに応じなかった」と述懐し、結果的にそれがよかったとも洩らしていた。このことから推測していけば、軍事指導者たちは自分たちの叙爵をそれとなく陸軍省や内務省の賞勲部門、さらには宗秩寮に働きかけていたのではないかと推測される。

日米開戦時に、真珠湾奇襲攻撃に成功したあと陸軍内部には、「元寇《げんこう》のときの北条時宗《ときむね》、現代の東條英機、ふたりこそ救国の英雄だ」との声があがったというから、こうした推測も可能のように思える。このシリーズの第一回で、木戸が「もし戦争に勝っていたら、東條を始め軍人たちが爵位を要求していただろう」と洩らしていた言を紹介した。

わたしの仮説、つまり華族たちは現実の戦争政策からは遠ざけられたがゆえに、結果的に戦争責任からは免罪となったとの見方もあたっているように思う。もっともその分だけ木戸が華族を代表する形で責任を負うことになった。実際に、木戸は東京裁判のA級戦犯として被告席に立っている。そしてもうひとつの仮説、華族予備軍があの期の政治や軍事を動かしたというのも当たっているように思う。軍人たちがどれほど爵位を欲したか、いやそのために結果的に国民にいかに犠牲を強いたか、という視点は充分に検証に値するはずである。わたしはこのテーマにも答を返すのが、昭和史を語り継ぐことのひとつだと思うのだ。

二・二六事件と牧野伸顕の決意

「君側の奸臣」と決起青年将校たちに忌避された牧野伸顕は、静養中の湯河原の老舗旅館の元別館「光風荘」で、民間人を含む八人に早朝、襲撃された。事件後、牧野の胸中にある決意が芽生えた、と推測する。

牧野伸顕《のぶあき》が、「多年の功」によって男爵を叙爵したのは明治四十（一九〇七）年十一月四日である。この年は日露戦役に功があったとして、軍人や官僚、外交官、財界人など九十九人が爵位を受けているが、そのなかには東郷平八郎（伯爵）、上原勇作（男爵）、高橋是清（男爵）、内田康哉《こうさい》（男爵）なども含まれている。

牧野の「功」というのは、明治二十九年から公使としてイタリアやオーストリアに駐在したことなどを指している。といってもこれだけで爵位を得るというのは大久保利通の二男として生まれたのも因と思われる。その後、牧野は大正九（一九二〇）年にパリ講和会議での役割やシベリア出兵で日本の権益を維持したとの功で子爵となり、大正十四年には宮内大臣から内大臣に就任しているが、「宮中奉仕の功」によって伯爵に昇っている。華族のなかでの序列はすさまじい速度で上位に達したといえる。

以来、牧野は大正末期から昭和初期に内大臣としてもっとも身近で皇太子（摂政宮）・天皇を支えてきた。しかしその体質が親西欧的だといって、軍部や民間右翼の反感を買い、五・一五事件では狙撃の対象となっている。満州事変以後の軍の動きについて常に批判的な態度をとり、「軍部の少壮将校の団結の始末こそ難事中の難事と思考、然《しか》して其《そ》の関係は満州事変と密接なれば一層重大性を加ふ」との見解を明らかにしていた。牧野は昭和九（一九三四）年に入って、時勢があまりにも軍部主導に傾いていくのと、健康がすぐれないこともあって、内大臣秘書官長の木戸幸一に辞意を洩らしている（十月三十日）。『牧野伸顕日記』には、この日木戸が訪ねてきて明後日に坐漁荘を訪ねるのだが、何か伝言がありますかと問われたので、「始めて進退に付端緒を開き置きたり。乃《すなわち》来年は就任以来十五年に達し、健康の事もあり、又人心を新たにする意味に於《おい》ても後任其人を得ば却《かえっ》て安定を得べし云々の意向を洩らし、老公にも程能《ほどよ》く伝へられ度《たく》依頼せり」とある。木戸日記には「昨今神経痛と全身のカユミに悩み居らるゝ為か何となく元気なく」との牧野の言も紹介されている。

大正十年に宮内大臣に就任以来十五年、もう肉体的には限界だとの心境を吐露したことになる。もっとも『牧野伸顕日記』の解説を書いている伊藤隆氏は、牧野がこうした申し入れをすることは、「反現状維持派からの攻撃をかわそうという狙いからであろう」とも分析している。わかりやすくいえば、もう軍部や民間右翼からの攻撃に嫌気がさしているという意味でもある。

このときから一年二カ月後の昭和十年十二月二十六日に牧野は内大臣を辞職している。ここに至るまでの経緯について牧野の日記にはまったく記述がないので詳細は不明だが、木戸日記や『西園寺公と政局』には、牧野の退任の意志が固いことが書かれている。牧野はどのような説得にも応じなかったというのだ。

明治天皇と昭和天皇の対応の違い

牧野が最終的に退任の意思を伝えに、天皇の前に出たとき、天皇はこれまでの労を謝しているうちに涙を流したという。そして、内大臣は辞めてもいつでも宮中に出入りができるように、とくに「前官の礼遇」を賜《たまわ》ったというのだ。

天皇にすれば、摂政宮のときから宮内大臣、内大臣と日々牧野と接して肉親のような感情を抱いていただけに、その別れが辛《つら》かったということだろう。

こうしたエピソードに接すると、わたしは天皇と側近（宮廷官僚）の関係についてまた別なエピソードを思いだすのだ。それは『明治天皇紀』の明治三十三年七月五日の記述なのだが、このころ明治天皇の侍従長兼内大臣であった徳大寺実則《さねつね》が辞職の申し出を行っていた。この申し出に明治天皇が怒りだしているのだ。『明治天皇紀』を引用すると、次のようになる（少々長くなるが、重要なので引用する）。

「天皇震怒して曰《いわ》く、凡《およ》そ華族にして朝廷に仕ふるものは、宜《よろ》しく其身を犠牲に供し、以《もっ》て奉公の誠を致すの決心なかるべからず。然《しか》るに妄《みだ》りに職を辞し、以て一身の安逸を謀らんとするが如きは、其の志、真に悪《にく》むに勝《た》へたり。卿幾たび職を辞せんとするも、朕は断じて之れを聴《ゆる》さず。そもそも今の官吏たるや、身を士族から起こししものは多くは擅恣放縦《ちんせんしほうしょう》にして、動《やや》もすれば辞職を以て一時を遁避し、徒《いたず》らに一身の安を貪《むさぼ》らんとす。朕常に之を快しとせず」

浅見雅男氏は、その著（『華族誕生』）のなかで「天皇は華族（旧公卿、諸侯）への愛着と、伊藤（博文）など士族出身の権力者たちへの不満をこういう形で示した」とあるが、確かにそうみることができる。明治天皇は、華族といっても旧公卿たちは身を犠牲にする覚悟をもつべきなのに、維新の功労による勲功華族のごとくすぐに辞職を口にして、困難な状況から逃げるようなことはしないでほしいと叱りつけていたのである。

徳大寺が明治天皇の時代はその職にとどまりつづけたのもこうした天皇の思いを知ったからだろう。

明治天皇と昭和天皇、旧公卿の徳大寺実則と勲功華族の牧野伸顕、それぞれ時代も違うし、また役割も異なっている。これは私見になるが、昭和天皇の心中には、西園寺や近衛の旧公卿華族と牧野や木戸のような勲功華族の間には、やはり違いがあるとの思いがあったのではないか。西園寺や近衛はときに離れることはあっても、常に自らの周囲にいるのに対し、勲功華族は辞職することで自らの周囲から離れていくのである（木戸も戦後は巣鴨プリズンに入るが、天皇との距離は急速に疎遠になっていく）。

さらに私見になるが、牧野は健康上の理由もあり、実際に天皇の側近として仕えることはできなくなっていたのは間違いない。しかし昭和十年十二月という、時代の空気が少々歪《ゆが》んできたときに退任するというのは、反現状維持派からの攻勢をかわそうとする自己防衛の姿に見える。むろんそこには自らの身を守るという面と、天皇の側近であることによって襲撃を受けるのはつまりは天皇に迷惑をかけるという配慮があったと分析することも可能ではある。

昭和天皇が、牧野の辞任を認めたのはもとより健康を案じてのことと思うが、もしこのときに明治天皇と同様の言を口にしていたらどうなったのだろうか。時代背景がまったく異なることを加味しながらも、わたしはついそのような考えをもつのである。

襲撃当時の姿が再現された光風荘

牧野の退陣から二カ月後の昭和十一年二月、いわゆる二・二六事件が起こっている。この事件については、すでにこの『昭和史の大河を往く』シリーズの第四集でもふれたので重複した記述は避けるが、なぜ牧野は天皇側近を離れたにもかかわらず襲撃対象になったのだろうか。それは青年将校の蹶起趣意書《けっきしゅいしょ》を見てもわかるとおり、牧野の個人的思想や考え方が「君側《くんそく》の奸臣《かんしん》」であり、そういう奸臣を天皇周辺から肉体的にも排除しなければならないとの、きわめて思いこみのつよい理由によった。

牧野を襲撃するために、青年将校の同志である渋川善助《ぜんすけ》が、かつては軍籍をもっていたにせよ、このときは民間人である立場を利用して、牧野の宿泊先である湯河原の旅館を見張っていた。そこには五・一五事件では襲撃を免れたが、今回は必ず一命を奪うとの青年将校たちの強い意思が感じられた。青年将校たちは二月二十二日に栗原安秀宅に磯部浅一《あさいち》、河野寿《ひさし》、中橋基明、村中孝次らが集まって、襲撃目標、決行日時などを最終確認している。

牧野を襲撃するのは河野寿に決まり、そこで渋川が牧野の常宿を確認するために湯河原に湯治客として入りこんだのだ。そして湯河原伊藤屋の元別館の光風荘に、牧野は家族や使用人と身体を休めていることを知り、それを渋川は東京の夫人の許《もと》に伝えている。夫人がその手紙を磯部あてに投函し、それが二月二十五日午前十一時ごろに磯部の手に届いている。

その後の動きについて、高橋正衛の『二・二六事件』によれば、襲撃隊は河野寿大尉を指揮官として、ほかに水上源一、宇治野時参《うじのときよし》など七人だったが、彼らは二十五日午後十一時に歩兵第一連隊の栗原のもとに集合している。「軽機関銃二、小銃二、拳銃五、六挺、日本刀二。栗原の出した信玄袋に実包千二百発くらいをつめる。零時ハイヤー二台で歩一を出発。四時ごろ湯河原に到着。伊藤屋旅館（別館光風荘）の玄関で宇治野軍曹、中島（予備）曹長、黒沢一等兵は軽機二、小銃二に弾を装塡《そうてん》。台所の裏手の高台に軽機を据えた」（高橋書）

二・二六事件は二月二十六日午前五時すぎから決行されたが、こと牧野襲撃だけはすでにそれよりも一時間近く早くに準備は終え、決行に移されようとしていたのであった。

平成二十年六月のある一日、わたしは湯河原の街に立った。この街は温泉が有名であり、江戸時代から湯治場として知られていた。伊藤屋本館はその温泉街に面しているが、その別館（光風荘）は温泉街から坂道を登っていく途次にある。今は周囲に民家も建っているが、昭和十一年当時は、ここは湯河原を一望できたのではないかと思われる。

その光風荘は今は当時の建物ほとんどを再現する形で、「牧野伸顕伯襲撃」の様相をそのまま伝えている。「2・26事件資料館」と銘打って歴史的事件を次代に伝えようとの志をもつ人たちが中心になって光風荘保存会の名で運営されている。光風荘の入口には「湯河原の二・二六事件」と題した看板が立てられている。そこには、「（青年将校らが）元内大臣牧野伸顕伯爵を、静養中のこの場所伊藤屋旅館の元別館光風荘に襲い、銃撃、放火、急を知り駆けつけた地元消防団員の救出活動により、牧野伯爵とその家族は辛くも難を逃れたが、付添の森（鈴江）看護婦は銃創、護衛の皆川（義孝）巡査は銃弾に倒れ、後に焼死体で発見されるという事態に陥った」との一節があった。

現在の光風荘のなかを見てみると、二・二六事件当時の様子が写真や当時の新聞記事、さらには襲撃した八人の略歴や軍法会議の判決、そして当時、牧野とともにこの光風荘に来ていた吉田和子（牧野の孫で、吉田茂の三女。その後麻生太賀吉《たかきち》と結婚。麻生太郎首相の母親）からの書簡など、展示物が揃っている。牧野がこの地から辛うじて逃れた顚末にも、地元の人たちの献身的な支援があったことがわかる。

牧野が命拾いしたのは偶然だった

この光風荘は事件で放火され一部は焼却したが、翌年にそれまでの設計図通りに再建された。

わたしが驚いたのは、牧野が寝室に用いていたのは玄関を入ってすぐの八畳間だったことと、その部屋が質素だったことだ。河野大尉が「電報、電報」と叫んで裏口を開けさせたが、その裏口付近の台所もきわめて質素だった。老舗《しにせ》旅館の別館というより、ふつうの民家のような空間であった。唯一の取り柄といえば、とにかく静かなことだろう。現実社

消失前の光風荘（上）と消火活動（下）
（ともに光風荘保存会提供）

会から距離を置いている空間といってもよかった。

牧野が寝室に用いていたその部屋も今は、事件に関わりのある展示物が飾ってある。とても牧野が身体を休めていた部屋とは思えない。今から七十二年も前に、この湯河原の地に十五年余にわたって天皇側近として仕えた老臣が、やっとその職を離れ、七十五歳の身体を休めていた。その命を狙ってここにまでテロの刃《やいば》がむかっていたことを牧野は知る由《よし》もなかっただろう。

牧野がこの別館に入った日は正確には明らかになっていないが、内大臣をはなれてわずか一カ月余の間、その胸中にはどのような思いがあったのだろうか。この資料館の運営にあたっている光風荘保存会の会員たち（会長・山本寅太郎氏）から、牧野がどのようにして襲われたのか、寝室の横の廊下から妻の峰子や孫の吉田和子とどのような方法で脱出したか、をくわしく聞いているうちに、牧野が命拾いをしたのはまさに偶然だったと知ることもできた。

二・二六事件後の牧野は、この体験を通してある覚悟を決めたのではなかったかと、わたしは思いいたった。牧野は軍部と抗するために女婿《じょせい》の吉田茂と共に闘いを始める覚悟をもったように思えてきた。結果的に光風荘はその契機となった場だったのである。

牧野伸顕と女婿・吉田茂の闘い

牧野は決起将校と数メートルの至近距離にありながら奇跡的に逃走に成功する。事件後牧野は女婿の吉田とともに時代に抗して、三国軍事同盟阻止、さらに開戦後は講和の道を模索する闘いに挑んだ。

牧野伸顕が湯河原にある老舗日本旅館伊藤屋の別館（光風荘）で、青年将校の一団に襲われたときに、どのような感情をもったであろうか。この別館は今は、「2・26事件資料館」と名づけられて、「牧野伸顕伯襲撃」の場として歴史記念館のような役割を果たしている。その資料の一部に「昭和十一年当時の光風荘付近図」という地図がある。

この地図をもとに、光風荘保存会の会長である山本寅太郎氏が説明してくれたのだが、わたしはその説明になんども驚かされた。というのは、襲撃した河野寿大尉や兵士たちは裏口から「電報、電報」と叫んで裏戸を開けさせ、そして護衛の皆川義孝巡査にピストルをつきつけて、牧野の寝室に案内させたのだが、裏口からの距離はわずか二メートル余、しかも日本家屋だから廊下は狭い。皆川巡査は、牧野の寝室の扉に手をかける寸前に後ろをふり返り、後ろからついてきた河野や下士官にピストルで射たれた。

その廊下に、わたしはまるで牧野を襲った河野のように皆川巡査を模した山本氏と並んで立ってみたのだが、よくこんな場で射ちあいができたと思うほど狭い空間なのだ。この空間には、なんとしても伯爵である天皇の側近を射殺したいという青年将校の意思と、それを阻《はば》むのを仕事としている警官の意思とがぶつかりあっての射ちあいになったのだろうということがわかる。警官はこの傷がもとになって死亡する。襲った河野もすぐにここから熱海の陸軍衛戍《えいじゅ》病院にはこばれたというが、その病院で自決している。

いずれにしてもふたりは、その意思ゆえに死につながっていたことがわかる。

牧野はこのとき物音を聞いて驚いたのだろう。しかし寝室から縁側越しに外に出て吉田和子や峰子夫人、そしてつきそっている看護婦とともにこの別館の裏山の崖を降り、湯河原の温泉街とは反対側に逃げたという。どの方向に逃げたのかが矢印で「光風荘付近図」では示されている。襲撃に失敗したことを知った下士官や兵士たちは、この別館に火を放って去っていったという。その火災を温泉街のなかにある火の見櫓《やぐら》で見つけた消防士たちが、消火を目的にこの別館に駆けつけた。

「牧野さんとその家族や看護婦さんたちは、別館の廊下脇から斜面をすべり降り、そして奥の方の板塀を越えて山中に逃げるのですが、そのとき下士官や兵士たちが牧野さんたちに向けて一斉にピストルを発射したといいます。このときに看護婦さんの腕に銃弾が命中

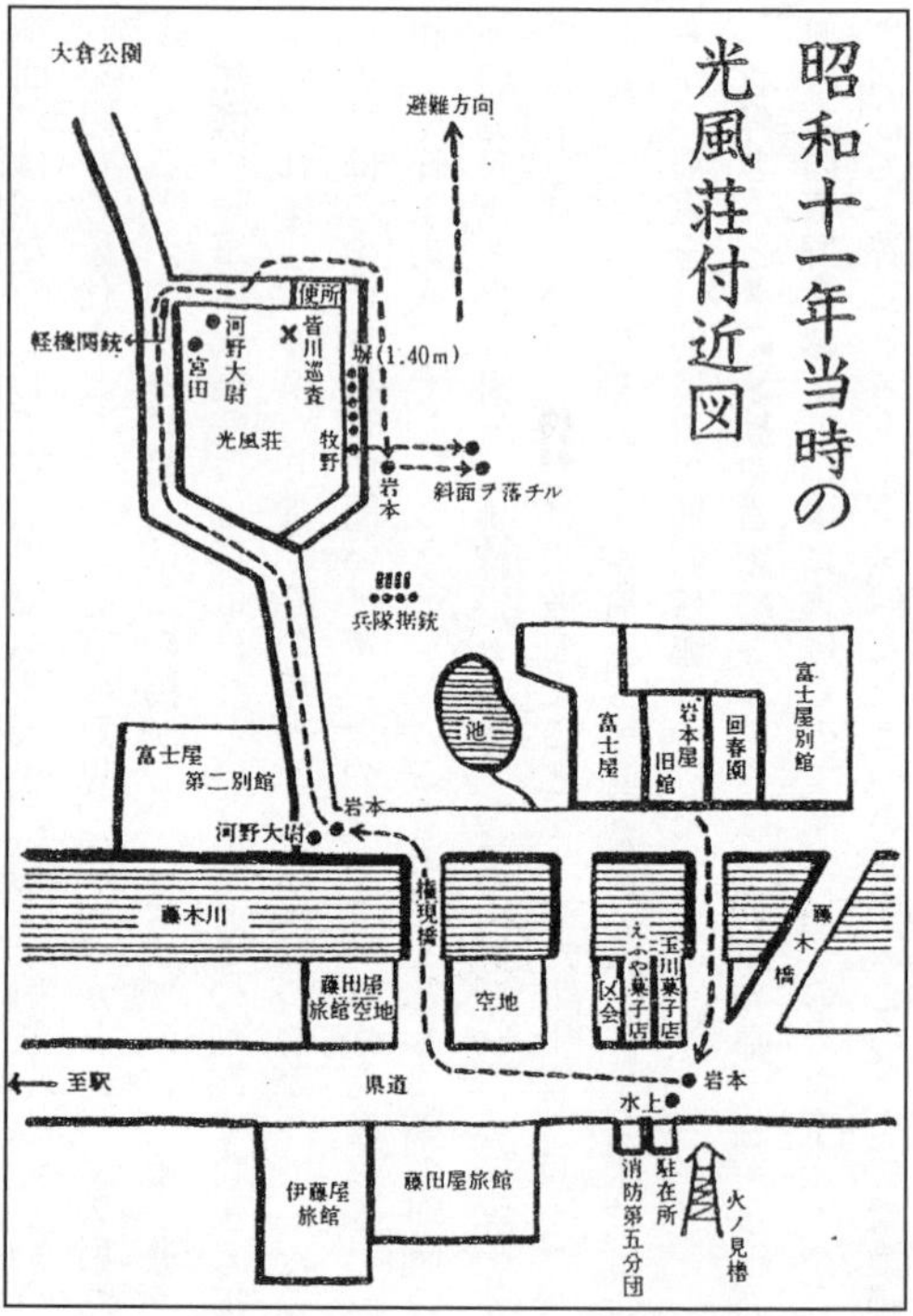

(光風荘保存会提供)

していいるんですね」

と山本氏やこの資料館の案内にあたっているボランティアの幹事・児玉静夫さんは説明する。わたしはずっと気にかかっていた「牧野さんはどのようにしてこの地を離れ、どのように東京に戻ったのか」を尋ねるのだが、この街ではそのことを知る者はいないという。二・二六事件について調べているときに、わたしは、牧野がこの湯河原からどう脱出したのか、いつも疑問に思っていた。この街の人たちも、牧野とその家族は裏山のほうに逃げこみ、その方向にある一軒家に隠れたらしい、逃げたときは雪の中を裸足同然での逃避だったから大変だったろうとの段階にとどまっていた。

牧野は裏口から逃げたということのみで、ある段階で情報が途切れていることは、わたしのこれは勝手な推測になるのだが、当時外務省を退官していたが、依然として力をもっていた女婿の吉田茂がすぐに東京から車を回し、大磯の吉田の私宅に連れていき、そこにかくまったのではないか。牧野はなんらかの事件が起きることは予想していただろうが、そのときにもし自分が狙われたらと吉田との間では話し合っていたのではなかったかと、わたしは思っている。

昭和十（一九三五）年十二月に、内大臣をはなれたあとは、牧野はどこにいるか、その所在を明かさなかった。この湯河原にもこっそりと訪れていた節があった。それを青年将校たちには突きとめられているのである。五・一五事件のときから牧野は襲撃対象にあげられている。天皇の側近としてあまりにもリベラルな体質だから狙われたといわれてきたが、確かにそうした一面はあるだろうが、しかし牧野がつねに狙われてきたのはなぜだろうか、との想いは消えない。

二・二六に出会ってしまった人々

「2・26事件資料館」には、この地で事件に出会ってしまった人たちの経歴も記され、そしてどういう運命に出会ってしまったのかとの紹介もされている。たとえば岩本亀三という、事件当時湯河原町宮上にある岩本屋旅館の主人がいる。三十四歳であった。当日、自らの旅館前で客を送っているときに、光風荘の火災に気づき、すぐに駆けつけて、崖を降りる牧野らを助けたという。しかし資料によれば、「その際に小銃弾で左足に貫通銃創を受け、全治一カ月の重傷」を負っている。地元にはこのほかにも消火に駆けつけて、傷を負った者がいる。

この街の人たちは確かに牧野を助けるために多くの犠牲を払ったことがわかる。この六月のある日、曇り空のもとで湯河原の街を歩いていると、そういう歴史との出会いなどはあまり感じさせないのだが、この街の歴史にふれたパンフレットによるなら、この地は石橋山合戦で敗れた源頼朝が逃げこんだ地であり、なんども発見されながら、とにかく安房《あわ》へと逃れたという。そして「権力者が間一髪逃れた」という意味では、牧野伸顕もまたそうであると説明されている。

わたしは湯河原の街を歩いてみて、とくに牧野が襲われたというその現場に立って、昭和十年代の牧野がほとんど昭和史の年譜のなかに姿をあらわさない理由は何なのだろうかと考えてみたかったのである。大正半ばから昭和十年まで、昭和天皇の側近として、昭和天皇の治世を確立するためにその身を賭してきたのに、昭和十年代にそうした努力を放棄してきたかに見えるのはなぜなのだろうか、解明したいのだ。

二・二六後に考えが変わった牧野

このシリーズで度々指摘してきたのだが、西園寺公望や近衛文麿のように公卿たちは千年余にわたり自らの存在そのものが天皇と一体化しているのに対し、明治期からの勲功華族（あるいは新華族）は牧野や木戸幸一に代表されるように自ら仕える時代の天皇の良き忠臣であることに専念しても皇室と一体化しているとの感はない。ありていにいえば、西園寺や近衛は宮廷官僚と呼ぶことはできないが、牧野や木戸はやはり宮廷官僚と呼ぶべきではないかと思うのだ。だから辞めたくなったら辞めることもできるのである。

そして辞めたあとは、あっさりと年譜の上からは消えていく。牧野にはそういうイメージがつきまとうのだが、しかし二・二六事件で死の危険性と向きあったときに、牧野はなにか考えが変わったのではないか、とわたしには思えるのだ。光風荘の「2・26事件資料館」で、自らを護衛するために死者がでたことで、牧野の胸に宿った怒りの感情をわたしは知りたいのである。そのことをもうすこしわかりやすくいうなら、勲功華族の怒りのようなもの、あるいは軍部が軸となる時代への苛立《いらだ》ちをさぐってみたいと思ってきた。

牧野ののこした日記（『牧野伸顕日記』）には、昭和十一年の記述があるにしても二・二六事件のころの記述はまったくない。この年の日記は、五月、八月、九月だけだが、それも日を置いてという具合でくわしくは牧野の心情はわからない。

五月二十一日は書かれていて、この日吉田が駐英大使となり、一家揃って赴任地に出発したとある。見送りはしないと書き、ほかにどのような来客があったかを書いている。ただこの日の記述の末尾に、前日（二十日）夜、吉田家の送別を行ったとあり、そして、「茂、過日西園寺公往訪の節伝言あり、今後も二・二六事件如き出来事発生せずとも限らず、益々国家の為め尽され度《た》し云々なり」と書いている。

西園寺からは、これからも二・二六事件のような事件が起こるかもしれないが、しかしそれでもなお、気をつけてお国への奉仕をつづけてほしいとの伝言であった。これについての牧野の感想は記述がないのでわからないのだが、西園寺、牧野にはテロの危険性があるとの共通の想いはあったということになるだろう。しかしそれにどう対応するかはない。この記述で注目されるのは実は吉田茂の言によって、あるいは吉田への牧野からの言により、西園寺と牧野の間に濃密な意見交換をするだけの情報ルートがあるという事実だった。

前述の牧野の日記は、昭和十一年から十三年にかけてとびとびに書かれている。政治的な動きがあるときに自らの考えを書きのこしているし、来訪者の名前も記していて、牧野がどういう人と交流しているかがわかってくるのだ。さらにイギリスの吉田茂からも情報が伝えられているし、それに対しての自らの見解なども記している。

牧野は確かに来訪者を通じて、自らの情報や考えが少しずつ世間に知られていくように努力をしている。昭和十二年、十三年には、内閣の側から密かに意見を聞きにきたりもしている。日中戦争が始まったあとは、不拡大の方向を模索しているが、しかしそれとて政治の中枢や天皇への助言という重要なレベルからの発言ではない。昭和十三年には二月二十一、二十二、二十四日の三日分のみが記されているにすぎない。しかしこの『牧野伸顕日記』の解説を書いている伊藤隆氏は、「既に七十代半ばを超えた牧野の元には依然多くの人々が来訪し、当時の所謂《いわゆる》『現状維持派』と言われた人々に頼りとされ、現状打破論者の攻撃目標とされ続けていたのである」とも記述している。

この書とは別に、『吉田茂書翰』を読んでいくと、吉田と牧野の間で、手紙がしばしば交換されていたことがわかる。とくに昭和十三年十月に英国大使を退任して帰国してからは、その回数はふえている。吉田が個人的な秘書を介して、牧野に届けるのである。吉田は、日本がドイツ、イタリアとの三国同盟に傾斜することに反対であった。その持論は、任期を終えて英国から日本に戻ってきてからもまったく変えていない。そのために、軍部からもっとも親英米的だと批判されるし、それはそのまま牧野への批判ともつながっていった。

吉田は牧野の怒りの言を代弁した

昭和十年代、とくに昭和十四年ころからは、牧野の意見はほとんど吉田が代弁するかたちになっていく。つまり昭和十年代半ばからの吉田の意見には、牧野の軍部への怒りが見事につまっている。いや言葉を換えれば、牧野の怒りの言を吉田は代弁しているともいえるのだ。

吉田は昭和十三年九月に外務省をはなれてからは、まったく独自にアメリカの駐日大使グルーやイギリスの駐日大使クレーギーなどと会い、日本の政治は今軍部によって曲げられているが、天皇を始めとして宮中にいる人物、それに近い人たちが一様に反対しているのだから、決して日本の姿を見誤らないでほしいと説きつづけている。それはもとより牧野の意見を含んでのことだった。

わたしは二・二六事件のときに、牧野が光風荘を脱出して山を越えてある家に逃げこんだといわれていて、それからのことは一切明らかになっていないことに奇妙な感をもっていた。湯河原でも結局は確かめることはできなかったにせよ、吉田茂が外務省の自動車を回して安全地帯に身を置いたためだろうとの考えはますます固まっていった。牧野と吉田は軍部から昭和天皇を守るために密かに事態を打開しようと年譜の裏側で動いていたと、わたしには思えるのだ。

昭和十八年から二十年にかけて、陸軍の憲兵隊は吉田を和平論者、親英米の反軍派とみて執拗に追いかけていた。吉田の周囲にいる人びとを称して、「吉田反戦グループ（暗号名ヨハンセン）」と呼んで電話の盗聴を含めてその動きを監視していた。牧野、近衛などがその中核にいると睨《にら》んでいた。しかもこのグループには華族もまた多かった。ここには軍部と華族の対立があったのだ。わたしはそういう事実を確かめるたびに、二・二六事件で一命をとりとめた牧野のその「見えざる闘い」に、いちど徹底して光をあてなければと思うのであった。

宮中を揺るがした島津治子元女官長不敬事件

名門・島津公爵家出身の元女官長が二・二六事件後の世相が混乱した時期に、昭和天皇に代わって高松宮が皇位に就くとの「お告げ」を説く新興宗教に関わり、不敬罪の容疑で勾留された事件。事件は宮中に衝撃を与え、事件は歴史の闇に消し去られていった。

二・二六事件から四カ月ほどのちのことである。『木戸幸一日記』の七月一日（昭和十一年）に、「午後一時、大臣室に大臣、次官、広幡太夫、岩波・大金両氏及余参集、島津治子氏の行動並に小原龍海の処分につき協議す」との記述があらわれる。この日、さらに木戸は「石田警視総監、上田（誠一）特高部長を招き、同上の件につき、之が処置を打合す」とも書いている。

宮内省の首脳、それに宗秩寮《そうちつりょう》の関係者などが集まって島津治子（本名・ハル）の行動について打ち合わせを行ったというのだ。さらに警視総監や特高部長とも意見調整を行っていたかのようにみられる記述である。この日の記述以後、木戸の日記には「島津治子の件」がしばしば登場する。この年十二月までその記述はつづくのだ。

宮内省幹部や宮廷官僚たちを悩ませている「島津治子の件」とはどういう事件なのか。この件は、すでに内大臣のポストを離れていた牧野伸顕にも伝えられているし、興津の坐漁荘にいる西園寺公望にも木戸から報告されている。それだけ宮中内部を震撼《しんかん》させる事件だった。牧野もまたその日記に自らが受けた報告を書きのこしている。この報告には細部が描写されているので、牧野の日記をもとにこの件を追いかけてみると、次のようなことがわかる。

島津治子や代議士夫人の高橋むつ子、さらには角田《つのだ》つねたちが「邪教迷信の裏に行動」していて、「不敬の言語迄も臆面なく口外する」状況にあるので逮捕することになった。そして「島津〔長丸〕夫人は曽《か》つて宮中の要職にありし事とて、今後宮中の事に付文書若《も》しくは口述の及ぶ事あらば、一切之を記録せざる事に打合済みなり。又本件の取扱ひは総監及課長等親《みずか》ら之に当り、出来る丈け慎重に処置すべきに付此点も安心致し呉れとの事なりし」と書いている。

つまり島津治子はある宗教団体に加わり、そこで予言の類《たぐ》いを口にしているが、この内容が不敬にあたり逮捕されることになった。しかしその予言なるものの文書や言説は決して記録にのこさない、そして事件の取り扱いも警視総監自らが行うことになったとの内容である。侍従長や内大臣も辞職覚悟で事の処理にあたっているともいうのであった。

島津治子は、大正天皇崩御のあと皇太子(昭和天皇)と皇太子妃(香淳皇后)が即位にあたって東宮女官長から皇后の女官長(当初は心得)のポストを得た。いわば昭和天皇や皇后の側近中の側近だった。ただし夫の島津長丸《ながまる》男爵が病死したために、このポストを離れて日常の生活に戻った。昭和三(一九二八)年に入ってのことである。その後、宗教団体に加わるなどしたが、昭和九年ごろに新興の神道教団神政竜神会に入って前世からの予言などを口にするようになり、それを印刷物にしたり、信者たちに説いたりするようになったらしい。その予言というか、お告げが「不敬罪」に該当するということであった。

宮内省の幹部や宮廷官僚が震えあがったのは、むろんその予言にあったのだが、同時に島津治子の出自やその経歴、さらには治子が華族という世界の中心に身を置いた女性だったことにあった。二・二六事件の衝撃もさることながら、治子たちの予言が華族の間に流布されると、華族たちに動揺を与えることになりかねないというのが、木戸や牧野の記述からは窺えてくるのだ。

死や幻想への憧憬が流行した時代

島津治子は薩摩藩主だった島津久光の子の珍彦《うずひこ》の二女である。珍彦は男爵であり、明治天皇の侍従も務めた。「治子の兄、忠義《ただよし》は養嗣子として本家の旧薩摩藩七十七万石の当主に迎えられ公爵家を継いだ。その娘俔子《ちかこ》が久邇宮邦彦《くにのみやくによし》王妃となり、明治三十六年三月良子《ながこ》皇后をもうけたから、治子は皇后の母とイトコ同士ということになる」（河原敏明「不敬事件の謎」『別冊歴史読本　華族歴史大事典』）。治子はまさに皇室に連なる名門一族の出自であった。

治子の兄忠義は藩主として、大久保利通、西郷隆盛らを重用して、明治維新に多大の功があった。明治新政府によって華族最高位の公爵を与えられたのは薩摩本藩への報償という意味もあった。それに珍彦の弟（治子の叔父でもある）忠済《ただなり》もまた公爵を叙爵している。この一族からは明治以後、軍人や学者など多彩な人材が輩出している。治子の「予言」はそれだけに影響力があったということになるだろう。

治子自身は鹿児島の女学校を卒業して、島津一門の島津長丸男爵と結婚したのだが、三十代には鹿児島に新しく女学校を創立するなど、先駆的な教育者の一面をもっていた。そうした経歴も認められたのか良子皇太子妃の御用掛を務めることになった。大正十二（一九二三）年のことである。そして昭和天皇の即位後女官長心得に就任している。

牧野がいみじくも日記に書いたごとく、「曽つて宮中の要職にありし事とて」というほどの、いわば宮中の身内、そして薩摩出身の同郷の者との意識があったのであろう。

治子が昭和初年代に加わった宗教団体については、木戸が警察当局からそのつど報告を受け、それを日記に書きのこしている。たとえば、昭和十一年九月十四日の日記には、

「神政竜神会ハ、昭和九年頃ヨリ、予備海軍大佐三條比古之コト矢野祐太郎及東末吉等ガ、兵庫県川辺郡中谷村字肝川所在ノ俗祠『八大竜神』ニ纏《（ママ）》ル古伝説及近郷ノ山霊ニ対スル信仰等ヲ根基トシテ、之元皇道大本並ニ天津教等ノ教義所説ヲ剽窃《ひょうせつ》附会シテ、自ラ一派ヲ樹《た》テタル類似宗教（神道）ニシテ」とあった。矢野の著書には、木戸日記によるなら、貞《てい》明《めい》皇后、秩父宮、同妃殿下たちは自由主義思想を抱いて、この国の神道をオミットしているといった記述があるというのであった。

わたしは、この「島津治子の件」を木戸の日記などで確かめながら、この期に大本教やひとのみち教団への宗教弾圧があったことを重ねあわせると、いつも奇妙な感を抱いていた。昭和八年ごろから、日本の世相には明らかに〈死〉や〈幻想空間〉への憧憬ともいうべき流行があった。三原山への投身自殺が相次いだり、「死なう団」なる新興宗教の団体があらわれたり、あるいは若い男女の心中事件もまたふえているのだ。国家が容認している以外の宗教は、「類似宗教」という言い方がされ、特高警察の監視対象になっていた。

にもかかわらずこういう類似宗教は、昭和八年、九年、十年とふえていった。こうした事実は、日本社会が軍事主導体制になり、やがて戦争への道を歩むことになるとの不安感が、神経の過敏な人たちや深い思索を試みる人たちには強かったからかと思う。不安や恐怖を先どりする人が確かにいつの社会にもいるということだろう。

不安な世相と階級からの脱出願望

興津の坐漁荘、湯河原の牧野が襲われた旅館の別館、さらには皇居のなかの宗秩寮などを見て回ったあと、わたしは当時の華族の代表者ともいうべき天皇の側近たちが、こうした庶民の時代への不安や恐怖をどれほど理解していただろうかとの思いをもった。彼らは確かにあまりにも理知的、理性的であったといえる。しかし同時に庶民の息づかいを充分に知らなかったともいえるのではないかとも思う。

華族たちの中心勢力であった十一会にしても、その生活環境はやはり庶民とはかけはなれていた。彼らが軍部に抗しようとしたとき、実はそこには庶民の支持という足場がなかったのだ。そこが華族という階層の限界だったのかもしれない。島津治子事件は、その予言の内容もさることながら、庶民の間にある不安や不満にもとづいてつくられた新興宗教に治子自身が組みこまれ、そして自らを取り巻いていた華族という階層から治子が脱出を試みた事件といえるかもしれない。華族という男性中心の空間に身を置いている女性たちは、ときにその空間からの脱出を夢見たのではないか。

共産主義思想に傾き、治安維持法で逮捕され、その後自殺した岩倉靖子などもそうではなかったか。この期の不安な社会心理を代弁していたように、わたしには思えるのである。

島津治子はどのような予言やお告げをしていたのだろうか。そのことは記録にはのこさないとの警察との約束があったが、しかし木戸は警察当局の報告を受けたのであろう。「島津治子聴取書」という記録を日記に収めている。この記録は、昭和十一年十二月三十一日の記述のあとに、〔月日不明〕として、つまりいつ入手したかは定かではないが、このような文書があるとして記録されている。そこに書かれている「神託」なるもののなかには奇想天外の内容が多く、宮内省幹部も、宮廷官僚も、そして警察当局も内容を世間に洩らしてはならないとの意思を固めたことがわかる。

　島津治子の霊位は「天御中主大神、天照大神、大山杭尊なり」とあり、さらに治子の前世は「島津齊彬、徳川家康、同家成、文覚上人、平政子、阿南（仏弟子）、藤原不比等、竹内《（ママ）》宿彌、彦火火出見尊、素戔嗚尊《すさのおのみこと》の母（大神様の御妾）、皇子（不明）」だというのだ。

昭和十年三月、四月ごろより治子のもとに出入りして霊感の話を聞きに来る者の氏名も挙げられている。大体は一般女性だが、そこには山本英輔、志岐守治《しぎもりはる》という将官やその夫人もいるとある。出席者に応じて霊感の内容も変えたというのだ。

　以下も、木戸の「島津治子聴取書」からの引用になるが、「一、高松宮の〃〃―宮様の御生母である大正天皇様の女官の死霊。山内源作、小森雄介等より聞く云〻。」「立太子当時の侍従、切腹して死せし者の死霊―秩父宮の正統を主張して敗る云〻。」といった具合に天皇家とその周辺の人たちの生霊、死霊の言を集まる者に伝えている。

「高松宮のもとで『昭和維新』断行」

そのうえで、「私達の仕事を要約すれば」といって、（イ）から（ホ）まで書かれている。その（イ）とは、「天皇陛下は前世に御因縁あり、国体明徴維神の道は立て得させられず、早晩御崩御は免れず」というのである。そして（ハ）には、「国体明徴維神の道を立つるには、高松宮殿下を擁立しなければならぬ」とあり、（ニ）には「それが働手五光を要す。五光が拡大して十光、二十光、四十光となる」、（ホ）では「右の目的を実現する為に、信仰を表面に、漸次手を拡げると云ふこととなる」とあった。なんのことはない、昭和天皇にかわって高松宮を皇位に就けるよう信仰をもつ者はその運動を起こさなければならないと説いている。

島津治子の予言、あるいはお告げの核心は、昭和天皇が「早晩御崩御は免れず」という点にある。昭和天皇に対してきわめて冷酷なお告げを、多くの生霊、死霊が訴えているという。さらに治子と仲間の角田つねの「取調」には、「島津ハル、角田ツテ《（ツネカ）》、高橋むつ等の霊感によれば、昭和維新の断行、神政の成就は、皇太子御七才の時に始り、昭和二十年完成す。之れ即ち神政の実現なり」ともあった。昭和十五年から二十年までの間に、高松宮のもとで「昭和維新」が断行されるというのである。こうした神託は昭和十一年のことだが、結果的にみれば「昭和二十年」という年が妙に何か意味をもっているようにも思える。

この事件で、神政竜神会の矢野祐太郎は三月に、角田つねは八月十三日に、それぞれ逮捕されたが、島津治子だけは見逃すというわけにはいかず八月の終わりに高橋むつ子とともにその身が勾引されている。警察の調べが続く過程で、治子は少しずつその予言を反省していったという。宮内省や内務省の思惑もあったのか、起訴は見送られている。木戸の日記の九月二十二日の記述である。

「島津治子は、検事総長〔光行《みつゆき》次郎〕の意見にて警視庁にて精神鑑定をなし、病院に監置することとなり、二十五日に実行する筈」

牧野も二十四日になってこのことを知り、「愈々《いよいよ》治子女史精神云々にて釈放、直に病院に送付の事に決定の旨内告あり。小生も大に安心せり」と日記に書いた。とにかく精神病院に送りこむことで解決することがもっとも良策だということだった。こうして事件は歴史の闇に消えていった。

およそ半年で治子は退院し、保護観察処分を受け華族社会からは追放同然となった。

赤化華族子弟の秘密組織「ザーリア」

共産党シンパの華族子弟たち十人が昭和八年に検挙された「赤化華族事件」。逮捕された学習院出身の子弟の父母のなかには宮中で天皇に仕えた者たちもいた。彼らは共産主義に何を夢見ていたのだろうか。

昭和十年代に昭和天皇の侍従だった故・岡部長章《ながあきら》（旧岸和田藩主の岡部長職《ながもと》〔子爵〕の八男。兄に岡部長景《ながかげ》・村山長挙《ながたか》がいる）から聞いた話である。わたしにとって意外だったために、聞いてから二十年近くを経ているのに、いまだに忘れられない。

「私が学習院高等科のころ、つまり昭和四（一九二九）年とか五年のころになりますが、学習院の建物の屋上から共産主義を讃える垂れ幕がさがったことがありました。当時、共産主義者は特高のすさまじい取り調べを受けていましたので、私たちはびっくりしましたね。学習院にも共産主義者が入っているのかと、噂になりました」

この垂れ幕事件は、学習院の学校当局だけでなく、いわば日本の「支配階級」に恐怖を与えた。天皇の藩屏である華族を中心にしたその教育機関に天皇制打倒を訴える共産主義礼賛の垂れ幕が公然と掲げられたからだ。岡部のようにそうした運動に関心のない学生にとっても、共産主義思想が自分たちの身近に迫っているとの不安とも恐怖ともつかぬ感情が湧いてきたというのだ。

近代日本の華族制度とその実態を研究している浅見雅男氏は、その著作で「赤化華族」について詳細に分析している。浅見氏は、「(当時) この言葉には、あきらかにマイナスイメージがあった。共産主義思想にかぶれる『アカ』になる、それが『赤化』という言葉の意味であり、明確な非難をこめた表現であった」(『華族たちの近代』) と言い、そこには昭和初期特有の意味があったという。つまりはこの「赤化華族」はある時代のある状況をみごとに言いあてているということだ。

浅見氏の研究書によると、「赤化華族事件」は昭和八年一月十八日の検挙開始から翌九年五月二十二日の判決で終わったという。この間、この事件に連座し検挙された華族は十人であり、そのうちのただひとりの女性岩倉靖子は拘置所から出されたあとに自決をしている。この十人のなかには共産主義思想に共鳴していて、その思想への忠誠を示す者もあったということになる。

岩倉靖子は表面上は転向の意思を示し、それがために昭和八年十二月十一日に釈放された。この年三月二十九日に検挙されているから、実に九カ月余にわたって獄にいたことになる。そして十日後の十二月二十一日に自殺しているのである。ちょうどこの日、不良華族として問題になっていた「近藤滋彌《しげや》弟廉治《れんじ》夫妻及吉井徳子の処分」をめぐり、宗秩寮審議会が開かれ、そして「近藤夫妻は華族の族称を除き、吉井徳子は礼遇停止なり。尚吉井伯は監督上の責任により、訓戒を加ふることとす」(『木戸幸一日記』)との処分がでていたのだ。享楽に走る華族の処分と思想に殉じた公爵家の娘の自決という対照的な生き方が皮肉にも同じ日に示されたということである。

それゆえにだろうか、赤化華族もまた不良華族と同様の意味をもたされて一般に使われたということになるだろう。二十歳に達しつつあった岩倉靖子の生き方はなかなか理解しづらい面もあったのだろう。歴史のなかにその健気《けなげ》な生き方が正確に理解されるようになったのは、前述の浅見氏が平成十三年二月に『公爵家の娘』を刊行してからであった。

オルグの場に利用された「目白会」

昭和八年一月十八日に、警視庁の特高刑事により八条隆孟《たかなが》が検挙されている。八条は学習院高等科から東京帝大に進み、卒業後は日本興業銀行に進んでいた。治安維持法違反での検挙である。共産党のシンパとして学習院内部に読書会をつくり、そこでマルクス主義関係の文献を学んでいたというのだ。八条はその指導者であった。共産党への資金援助やということは、共産党系の各種文書などもこうした組織から学習院内部やその人脈を頼って撒《ま》かれていたというのだ。

当時の新聞報道によれば、八条は勤務先の日本興業銀行から刑事に連行されたようになっている。ところが浅見書によれば、特高は隆孟の兄隆篤に連絡をして、弟が自発的に出頭すれば人の目にはふれないようにするというので、隆孟は隆篤に連れられる形で出頭したのだという。特高も華族に直接に手をだすのは控えていたということだろう。

八条家はいわば公卿華族になるが、隆孟は父・隆正の二男で、隆正はもともとは大蔵省の官僚であったが、退官後は貴族院議員として活動をつづけ、子爵議員たちの会派の指導者でもあった。その息子が、共産主義運動のシンパとして検挙されたことに衝撃を受け、すぐに辞職している（のちに復帰）。昭和初年代に上流階層の一部には共産主義に関心をもつ空気は確かにあったが、それは関心にとどまり運動の渦中に入る例は少なかった。

このころ、学習院高等科を卒業して東京帝大に進んだ学生たちの間に目白会という同窓会のような組織がつくられていた。もともとは親睦を目的としたものだ。浅見書によれば現在残っている昭和六年度の同会の名簿（特高が複写したもので『極秘』の印がおされている）では、会員総数は八十五名（うち卒業生四名）で、その約三分の一が華族という。そして何人かの会員の上に○と✓の印がついている特高側の資料を入手したといい、○は治安維持法違反の疑いの濃い者、✓は要注意だったともいう。いうまでもなく、八条は○だった。

この目白会が共産主義に関心を示す学生たちにオルグの場として利用されたようだ。八条はこのなかに読書会をつくった。その読書会の名を「ザーリア」と名づけた。ザーリアとは、ロシア革命のときに革命派に転じた軍艦の名から採ったという。ザーリアの名に象徴されるように、ロシア革命に関心をもつ学生たちの集まりで、読書会のなかの八条を中心に限られたメンバーが共産党への資金援助などを密かに行っていたらしい。

目白会のメンバーのなかで○がついていたのが、あるいはこのザーリアのメンバーだったということかもしれない。さらに学習院高等科に在学中だった前述の岡部長章が目撃したように、このグループが学習院の校舎の屋上から垂れ幕を垂らしたのかもしれなかった。いやそれにまちがいはないとわたしには思えた。

報道の筆調から滲む華族への不満

実際に、特高警察は八条の検挙につづいてザーリアのメンバーを始めとして、学習院内部の共産党シンパと思《おぼ》しき学生らを次々に検挙している。昭和八年三月から九月にかけてのことである。逮捕者は八条を始め十人に及んだ。この十人はいずれも華族の家系であり、将来はそのまま叙爵する者もいたのである。ちなみに八条以外のこの九人は、やはり浅見書を参考に紹介する。このなかには天皇の側近に連なるものも多かったのだ。

岩倉靖子（日本女子大中退）岩倉具視《ともみ》の曽孫。西郷従道の孫。岩倉具栄《ともひで》公爵の妹。

亀井茲建《これたけ》（東京帝大法学部在学中）亀井茲常《これつね》（昭和天皇の皇太子時代の侍従）伯爵の長男。

上村邦之丞《くにのじょう》（成城学園高校在学中）上村従義《じゅうぎ》（西郷従道の三男、貴族院議員）男爵の長男。

久我通武《こがみちたけ》（東京帝大農学部在学中）久我通保《みちやす》男爵の二男。

小倉公宗《きんむね》（東京帝大文学部在学中）小倉義季《よしすえ》子爵の弟。

中溝三郎（京都帝大経済学部卒業）父・徳太郎は明治四十年九月叙爵（男爵）、その死により男爵を継ぐ。

松平定光（学習院高等科卒業後、浪人中）松平定晴子爵の長男。

森俊守（東京帝大経済学部在学中）森俊成子爵（貴族院議員、東京市会議長）の長男。

山口定男（東京帝大経済学部在学中）山口正男男爵の弟で、祖父は明治天皇の侍従長であり、母正子は貞明皇后の女官。

ザーリアとは別に、岩倉靖子や上村邦之丞らは五月会《さつきかい》という共産党シンパの会をつくっていた。つまりその活動はかなり活発だったということになるだろう。

こうした「赤化華族」検挙の報は、それぞれの検挙時に一部報道された節もある。しかしこの検挙の具体的内容は他の共産党関係者の逮捕が、報道解禁になる十一月二十日前後までまったくといっていいほど伝えられていない。他の共産党員の逮捕は公式に発表しても、こと「赤化華族」に関しては世間に徒《いたず》らに混乱を与えたら困るというので公表せずに内々に済まそうとの思惑があったようだった。十人のなかには山口定男のように皇室と密接に関わりをもつ者もあったからだ。

こうした赤化華族の相次ぐ検挙について、新聞報道は有閑階級の世間知らずの「お坊ちゃん、お嬢ちゃんが、一時の熱に浮かされてつまらんことを仕出かしたという冷やかしのニュアンス」（浅見書）にあふれていたというのだ。改めて当時の東京日日新聞で確かめてみると、「フランス革命に倣ふ華族子弟の赤色陣営」「中に岩倉公爵家に育つた女性」とか「学習院関係四十名」（十一月二十日）という類《たぐい》の見出しになっていて、しょせんは自分たちの特権も理解せずにふるまう非常識な子弟たちといった筆調で責め立てているのだ。確かに社会的階層としてあまりにも恵まれている「華族」に対して、国民の間には不満があったということでもあろう。

現実に彼らは身内からの執拗な説得や特高警察側の転向の意思を示せという言などに応じ、十人のうち七人はそれに応じたというのだ。そのために検挙から二カ月以内に転向の意思を顕わにすることで、釈放されている。身内からの華族の体面という語には抗することはできなかったともいえる。

マルクスしか武器がなかった不幸

わたしはこの『華族たちの昭和史』の筆を起こすにあたって、学習院初等科の歴史と現在を考察したのだが、そのときにこの空間を支配する「皇室の藩屛」という大義さえ守る限りその内部は自由だという空気があるように感じた。『華族　明治百年の側面史』（金沢誠・川北洋太郎・湯浅泰雄編）に登場する甘露寺受長《かんろじおさなが》や浅野長武らの華族の回顧談にもそれを感じた。ということは、昭和初年代にあっても学習院高等科には、皇室の藩屛であるとの前提さえ守れば、一般社会よりははるかに自由だったのだろう。

戦後になってザーリアのメンバーだった者は、学習院のキャンパスではこのころとて共産主義の文献の勉強会を開いてもとくべつに官憲の手入れなど予測できないほど自由だったと証言している。そこに共産党指導部に連なる者が、前述の八条隆孟らを通じて入りこんだらしい。「赤化華族事件」で逮捕された者の証言のなかに「その日暮らしの労働者の貧しい生活があるなかで華族たちのぜいたくをつくしたブルジョワ生活が許容されている社会はおかしい」との怒りがあったというが、そういう青年らしい正義感は確かに学習院という空間や華族という特権のなかで培養されたとしても不思議ではなかった。

わたしは二十世紀前半の不幸は、現実社会に不満をもって抗議の意思を表明するとき、そこにはマルクス主義という〝武器〟しかなかった点にあると考えている。華族の青年たちにとって、もっと現実的な抵抗の思想や信条がなかったのだろうか、と思えるのだが、彼らもまたその〝武器〟にすがるより方法はなかったのだろう。

赤化華族で検挙された十人のうち三人は身内の説得にもうなずかず転向の意思を示さなかった。そのために起訴されることになった。三人とは八条隆孟と森俊守、そして岩倉靖子である。八条の父と同様に森の父も謹慎の意を表して貴族院議員も辞めているし、岩倉の兄も帝室林野局を辞めたという（『公爵家の娘』）。岩倉靖子は転向の意思を示す手記を書き始めたので釈放されたが、まもなく前述のように自決して世間に衝撃を与えた。八条と森も昭和九年一月での公判が始まる前に転向を表明していたが、しかし法廷は八条に懲役三年、森に懲役二年（控訴、東京控訴院では懲役二年、執行猶予三年）の判決を下している。

こうした判決には昭和天皇周辺からの、「彼らにはあまり厳しい処分はしないように……」との伝言の影響もあったかもしれない。昭和天皇は彼らの肉親が天皇家に果たしている功績を考慮してほしいと考えていたのだ。宗秩寮総裁だった木戸幸一は、十人のうちの七人を宮内大臣官邸に呼んで面談したと日記に書いているが、要は呼びつけて厳しく叱りつけたということであった。しかし八条と森は刑を受けたために華族の族称は除かれることになって、赤化事件は終息した形になっている。

戦時下の貴族院——講和を説く議員たち

翼賛体制下の衆議院同様、貴族院も軍部の圧力に屈し、その機能を喪失していた。しかしガダルカナル島失陥後の貴族院の秘密会では、涙ながらに一日でも早い講和を説く議員もいた。

貴族院に籍を置いた議員は戦時下にどのような考えをもっていたのだろうか。昭和十年代の衆議院は日一日と軍事機構にその権能を奪われていったが、貴族院はどうだったのか。これはわたしにとっても関心のある主題だった。

華族の特権について、次のような見方がある。

「特権の第1は宮中での待遇にあり、それぞれの爵位に相当する礼遇を宮中で受けた。叙位、宮中席次、大礼服など各爵位ごとにそれぞれ決まっていた。（略）華族の政治上重要な特権は、貴族院の議員となることである」（原武史・吉田裕編『岩波 天皇・皇室辞典』）

つまり華族には、爵位によって差があったが、貴族院の議員となる特権を有していた。その反面で衆議院議員にはなれなかったし、選挙権もまたなかった。一般に貴族院は衆議院と同格と思われがちだが、こうした身分上の保障によって構成される以上、その権力に限界があったのは当然ともいえた。

すでにふれてもいるが、昭和に入っての貴族院は昭和十（一九三五）年の菊池武夫による天皇機関説排撃演説にみられるように、結果的に軍事主導体制への旗ふり役を務めたのは否《いな》めない。公侯爵の場合は三十歳になれば終身議員が約束される（ただし無給）。伯子男爵もやはり三十歳以上になって初めて議員としての資格を得るが、ただし同じ爵位間で定員が決まっているので選挙で選ばれることになる。大正十四（一九二五）年に改正された貴族院でその定員は定められ、伯爵は十八人、子爵が六十六人、男爵もやはり六十六人である。この場合は給与も支給される。その任期は七年であり、この伯子男の爵位をもつ者は自分の任期を考えて、ときにスタンドプレイを行うことも珍しくなかったように思われる。

なお貴族院にはこのほかにも多額納税者や学術・学識に優れた者などにも一定の議席が与えられていたので、一概に貴族院は華族のための議会というわけにはいかない。しかし院内には暗黙の序列があり、貴族院の半数以上を占める華族が常に上位にあったという。そしてそのなかでも公侯爵の終身議員がその運営にあたることが多かった。

こうした事情を理解しながら、戦時下にはどのような動きをしたのかをさぐっていくと、幾人かの議員だった華族が興味のある証言を残していることに気づく。

たとえば、金沢誠らの編による『華族 明治百年の側面史』に収められているのだが、浅野長武の証言などが参考になる。浅野は明治二十八（一八九五）年の生まれだが、浅野長政から数えて浅野家の十六代目にあたる当主だという。いわば大名華族で侯爵である。学習院高等科から東京帝大文学部国史学科に進んでいて、大学卒業後は帝室博物館などに籍を置いた。

この浅野長武が貴族院議員になったのは昭和十五年だった。浅野は貴族院に身を置いてみてわかったというのだが、この空間は学習院の延長のようなものであり、「何だか同窓会のような空気」だったと証言している。公侯爵の会は「火曜会」といって、大体四十人ほどでつくられていた。伯子男爵とは異なった意識をもっていたようである。

「戦争中だのに戦後案とは何事か」

浅野は同書のなかで次のように証言している。

「われわれの火曜会というのは、のんびりしておりましてね、伯爵議員の『研究会』とは大分様子がちがう。それは、伯爵といいますと、生活には困らない上に、勝手に適当なこともできるのですね。ですから、道楽なども一番しやすい。西洋でもよく『伯爵様』というのが、そういう話に出てくる。ところが公侯爵となると、すぐに何かの会長とか何かに祭り上げられてしまうので、そうフラフラしてもいられない。自由がきかないわけですね」

つまり貴族院内部でも公侯爵は名誉職を兼ねなければならないが、伯爵はのんびりできたというのだ。

ただ「火曜会」の部屋には、他の貴族院議員も遠慮してなかなか入ってこない。「うかがいましても、よろしゅうございますか」と丁寧な口調になって入室してくるのだともいう。政府委員もそう簡単には入ってこなかったということだろう。

浅野証言を読んでいくと、貴族院議員がもっている誇りが確かに浮かびあがる。同時にその誇りは本来なら軍事主導体制に抵抗する意味ももちえたのではないか。わたしは貴族院の公侯爵の議員は天皇の藩屏としてもっともその役割が大きいと考えるが、それだけにどのような動きをしたのかに興味をもっていたのである。外交評論家として戦時下では軍からその発言や執筆が抑えられていた清沢洌《きよし》が、その著（『暗黒日記』）のなかで貴族院議員や外務省の長老たちなどとの密会の内容を記録していた。たとえば昭和十八年三月二日の記述を見てみると、この二、三日前に幣原《しではら》喜重郎元外相（男爵）を訪ねて、交わした会話の内容を書いている。その記録のひとつに次のようにある。

「貴族院で何人かが谷〔正之〕外相に『戦後案』の有無を問う。谷は折角研究中だといった。同じことを青木〔一男〕大東亜相に問う。色を作《な》して、『今戦争中だのに戦後案とは何事か』といったという」

今戦争をつづけているが、この戦争が終わったらどのような形の日本になるのか、ということを貴族院の議員たちは密かに外交当局者に尋ねている。より具体的にいうなら、戦争に勝ったらどういう社会になるのか、もし敗れたらどういう社会になるのか、そういうことは想定しているのでしょうねと、貴族院議員は尋ねたことになる。あたり前といえばあたり前の質問だった。しかし東條内閣の閣僚たちはそういう質問にしだいに苛立って、「戦争中に不謹慎なことを言うな」と激高した節が窺える。

貴族院の秘密会で論じられた講和論

わたしは、こういう質問ができる貴族院には軍事主導体制は容認できないと考える者が多かったとも思えるのだ。そのことを確かめなければならないとも思ってきた。

前述の浅野は、編者の金沢らに「戦争中は、相当にお忙しかったでしょう」と尋ねられると、次のように答えているのだ。

「あれはガダルカナルが落ちたときだったかな（注・昭和十八年二月）。貴族院で大臣連を呼んで、秘密会を開きましてね。赤池濃《あつし》さんや小原直《なおし》さんなどが声涙下る演説をやったことがありました。『このまま行ったら戦争に負ける。しかし、今、打ち切れば何とかなる。といって、われわれは何も、政府当局のあなた方に責任をなすりつけようというのではない。われわれにも貴族院議員としての責任があるのだから、講和がまとまりさえすれば、進んでこの職を辞する。満場の議員諸君も、誰一人反対する者はあるまい』という調子で、本当に、赤池さんなど男泣きに泣かれましたな。議場もシーンとして、大臣連も神妙に頭を下げていましたよ」

秘密会とはいえ、こうした発言を行う議員がいたことは確かに驚きである。早く戦争を収めよ、もし講和になったらわれわれも開戦を容認したのだからその責任をとらなければならないが、そのひとつとして議員辞職も考えているというのが赤池たちの主張であった。これが東條内閣にどのように受け止められたのかは定かではない。本来なら東條内閣のことだから、このような発言をした者が一般人ならばすぐに懲罰召集などしたのだろうが、たぶん貴族院議員にはうかつに手をだせないとの計算もあったのだろう。

ガダルカナルが落ちた昭和十八年二月のころから、前述の清沢洌の日記と重ねて考えていくと、貴族院のなかには「戦争はどうなるのか」「このままでは日本は敗れるだろう」「ならば早めに講和を行うべきではないか」との声が渦巻《うずま》いていたことがわかるのだ。そういう声がなぜ社会にだされてこなかったのか、あるいはなぜ影響力をもたなかったのか、そのことが問題だということに気づく。

この「華族たちの昭和史」の稿を起こすにあたって、わたしは幾つかのそれぞれの「場」に身を置いた。皇居のなかで、枢密院や宗秩寮のあった建物などを見て回った。現在の参議院に貴族院が置かれていた。『昭和史の大河を往く』第二集所収の「国会が死んだ日」の取材のため、参議院にも足を運んだ。一連の華族たちの呼吸が伝わっていたであろう「場」を歩いてみて、貴族院の性格がきわめて希薄であることに驚いてきた。現在の参議院を見ても貴族院の名残を感じることはできない。つまり議会というイメージはなく、ただ、ある時代の特権階級の利益代表が自らとその集団の利益を守るためにだけ存在したとの感は否めなかったのだ。

徳川圀順の証言から見える貴族院

ところが貴族院議員たちの証言をさまざまな史料や著作のなかからさぐっていくと、決してそうではなく、ときにもっとも鋭い批判を軍事主導の政権に浴びせていることもわかった。それが前述の浅野証言だが、わたしは改めてこうした貴族院議員たちの政治的判断やその社会的主張なども精査する必要があると思った。今の国会からは、貴族院をあらわすものはなくなっているが、それだけになんらかの象徴を残しておくことも必要ではないかと思ったのだ。

前述の金沢誠らの書で、もうひとり貴族院議員だった徳川圀順《くにゆき》の興味ある証言が掲載されている。

徳川は明治十九年生まれで、水戸の徳川家十三代の当主にあたり、徳川幕府、最後の将軍である徳川慶喜は、圀順の大叔父にあたるという。学習院中等科から陸軍士官学校に進み、その後は陸軍歩兵少尉に任官していたが、大正七年に軍を退き、赤十字社に入って、昭和十五年には社長に就任している。戦後の混乱期までその職にあった。貴族院議員になったのは、水戸徳川家が公爵議員なので、大正十四年の改正前、二十五歳になったときのことである。父親が早くに亡くなっているので、このポストには自動的に就かなければならなかった。ただ自動的に就いたので、「(当初は) 無責任なんで、議会にも出たり出なかったり、ほとんど休んでばかり……。(笑) でもやはり、いろんな委員長はさせられるんです。だから勉強にはなるんで、ほんとに好きな人は、そこで修業させられるわけですね」と証言している。

徳川圀順（1951年撮影、毎日新聞社提供）

貴族院議長として、昭和二十年八月に日本の敗戦を迎えている。

「ぼくが議長の時、戦争が終わった

んです。貴族院は、ぼくの次の徳川家正さんが議長のときになくなったんです。あのころはイヤでしたね。議長席にいても落ち着かない。今、アメリカの飛行機が空襲に出かけたというニュースがこちらに入る。議員さんたちは何もしらないんだけど、こちらは議事をやってても、いつやられるかと思って、気持ちが悪くてしょうがない。(笑)でもアメリカはああいう国ですから、議会は重んじるんで、あとになってわかったんですけど、議会は襲撃の目標から外していたらしい」

徳川のもとにはさまざまな情報が入ってきたということだろう。しかし逆にいえば、議会に居る限りは身は安全だったということになった。徳川は、戦争末期には「貴族院でむつかしかったのは、軍との関係ですね」と語り、「軍の方からは、何でも言う通りにしろといって怒ってくるけど、そう、言うままに予算でも何でも通すわけにはいかない」との姿勢を貫いたとの証言を残している。

軍の側からの圧力がどの程度ひどかったのか、軍の極秘情報は貴族院でも一部の議員には伝えられていたのだろうが、そういう圧力や懐柔にどう対抗したのか、貴族院議員のそれぞれの顔はなかなか浮かんでこない。ただし徳川証言の背後からは戦争末期にはかなりの圧力があったことが想像できるのだ。貴族院議員たちの勇気はもっと語られていいと、わたしは思う。

敗戦――華族の終焉

昭和二十二年の日本国憲法施行によって明治十七年の華族令以来の日本の華族制は消滅した。徳川義親侯爵は「華族が皇室のためにも、また国民のためにもなんの役にたっただろうか」との回想を残している。

昭和二十（一九四五）年八月十五日の正午、昭和天皇によるポツダム宣言受諾の玉音放送が流れた。日本はアメリカ、イギリス、中国、ソ連に対してポツダム宣言の受諾を公式に表明し、敗戦という事態を受けいれることを国の内外に宣したのである。

この報を聞いてすぐに「辞爵願い」を石渡荘太郎《そうたろう》宮内大臣に提出した華族がいた。侯爵の徳川義親《よしちか》である。ところが石渡からは「このような提出は時期尚早である」として、宗秩寮総裁だった松平慶民《よしたみ》を通して戻された。このことについて徳川自身は自らの回想記（『最後の殿様　徳川義親自伝』）のなかで書いている。

「（辞爵願いを）すぐにまた出した。兄（注・松平慶民のこと）からまた返ってきた。また出した。ぼくは何回でもくり返して出した。このことが知れて、華族仲間から余計なことをするな、と非難された。だが結局はぼくのいうとおりアメリカ軍の指令で華族は消滅した。もしアメリカが黙っていたとすれば、華族階級はそのままほおかぶりをして、華族でおさまっていたかったのだろう」

徳川のこの記述は少々牽強附会《けんきょうふかい》との感があるにしても、華族がどのようにして日本社会から消えていったかについての貴重な証言といえる。明治十七（一八八四）年の華族令によって、いわば近代日本の上流階級が形成されたのだが、それから六十年余を過ぎて華族制度は消えていったのだ。

八月十五日の日本の敗戦を知るや、侯爵を辞退する届けを提出した徳川義親は、元越前・福井藩主の松平慶永《よしなが》（春嶽《しゅんがく》）の五男（幼名・錦之丞）として、明治十九年十月五日に生まれている。その略歴によれば、明治四十一年、学習院高等科に在学中に尾張徳川家の養子となって、徳川義親と改名した。この年五月に養父義禮《よしあきら》の死後に、御三家の筆頭だった侯爵尾張徳川家の十九代目当主として家督を相続している。その著者紹介には、「東京帝国大学国史科、生物学科に学ぶ。学生時代から始めた『木曽林政史』の研究業績は、わが国経済史研究の草分けとして評価が高い。大正十年のマレーでのトラ狩りは有名。豊かな学殖と幅広い行動力をもった異色・型破りの『殿様』として、現代史に多彩な足跡を残している」とあるのだが、この侯爵は大正から昭和前期は、さまざまな意味で有名だっ

徳川義親（1966 年撮影）

た。危険なトラ狩りに挑んだというので「トラ狩りの殿様」といわれたし、社会運動家であれば左のアナーキストの石川三四郎から、右翼であっても昭和初期の清水行之助《こうのすけ》、大川周明《しゅうめい》、そして軍人の橋本欣五郎《きんごろう》にも資金援助をするなど、社会改革をめざす運動家には好意的な殿様でもあった。

　幼少から華族としての恵まれた生活に、内心では反撥があったらしい。家督を継いで貴族院議員にもなっているが、大正十三（一九二四）年三月には単独で大胆な貴族院改革案を提言している。その案とは、「貴族院を大衆化し、議員の多くは国民投票によって選び、婦人の参政権を実現し、貴族院に国民世論を正確に反映させようと狙った」というのだ。このことを石川三四郎に相談して案としてまとめたのである。

　徳川はこの案の本意を、「華族の特権を縮小して、将来は華族議員そのものを廃止する伏線があった」と明かしている。普通選挙権を国民のすべてに与えるとの意味をもっていて、その点ではこの殿様はあまりにも時代を先どりしていて、貴族院では浮いた存在でもあった。

さらに治安維持法が貴族院に回ってきたときは、「少数特権階級の政治は、かならず国民大衆の反感を買うものである。（略）（この法律では）警察官（が）横暴になって、国民の言論、集会、結社の自由を破壊して、穏健な国民までも弾圧するようになり、かえって国家を危険につき落とすことになる」と演説したのだという。これに賛成したのは侯爵の細川護立《もりたつ》だけだったが、伯子男爵の議員は選挙が怖かったのか、政府のいいなりだったとも書いている。

昭和の初めには社会世相が荒れるのを見て、徳川はこれでは革命が起きかねないと判断したという。昭和六年の三月事件（陸軍の幕僚と国家社会主義政党によるクーデター計画）では、「ぼくは革命に異議はないが、人を殺すのも自分が殺されるのもいやだから、『人を殺さない』ことを条件に（資金提供を）引きうけた」といい、提供した金額は五十万円と証言している（存命中の昭和四十八年当時に換算すると五億円以上になるとも明かしている）。

さしたる抵抗もなく消えていった

戦時下では沈黙を守った状態だったが、戦後になると、社会党結成のために一肌ぬいで、資金の提供も行っている。

　この型破りの侯爵は、敗戦はある意味で喜ばしいともいっている。そして戦後の日本について、前出の著書のなかでは、「敗戦は華族階級をみごとに没落させた。当然である。華族が皇室のためにも、また国民のためにもなんの役にたっただろうか。旧大名と公卿の残骸がほそぼそと生きてきただけである」と書いている。そして今、華族たちは世の荒波にふれて残骸たる有様だとも突き放している。

　徳川にすれば、自分は社会的な目をもってきたが、そういう目をもたない華族はぬくぬくと温室で育ってきたのであり、それなりの仕打ちを受けるのは当然といいたかったのだろう。

　昭和二十年八月十五日に、徳川のように自ら辞爵願いをだした者はいなかったが、華族制度はごくあたりまえの手続きによってさしたる抵抗もなく消えていった。どういうことかというと、昭和二十二年五月三日に新憲法の施行と同時に、華族という称号はまったく憲法からは外されて、華族令もＧＨＱの民主化政策のあおりで廃止となったのである。

　華族制度がどのような形で廃止になったのかは戦後の新憲法がどのような経緯を辿《たど》ってできあがっていったかをみることでわかってくる。

　こまかい経緯は省くが、日本側が独自に幣原内閣で松本烝《じょう》治《じ》国務相を中心にして、憲法改正のための委員会（松本委員会といわれた）をつくり、大日本帝国憲法の手直しに着手したのは昭和二十年十月のことである。その後、この委員会は大日本帝国憲法をほんのわずか手直しした甲案と若干民主主義的要素もいれた乙案の作成を内々に決めている。ところがこの両案とも大日本帝国憲法の骨格にはまったく手をふれず、いわば小手先で手直ししているにすぎないことが『毎日新聞』（昭和二十一年二月一日）で報じられた。

このスクープに激怒したマッカーサーや民政局（GS）で民主化を進める将校たちは、二月三日から十日近くをかけて、（一）天皇を主権者としない（二）日本は軍備をもたない（三）イギリス型の議会政治を目指す——の三本柱をもとに憲法の条文をつくり、二月十三日に日本側に示している。

「公卿と新華族は別」と考えた天皇

それからの一カ月近く、この日本側に提示された案とそれにもとづいて日本側が手直しした案との練り直しが行われた。このプロセスで、華族がどのような扱いを受けたかがわかってくる。

たとえば昭和二十一年三月五日の『芦田均日記』（第一巻）を読むと興味のある事実が記述されている。芦田は幣原内閣の厚生相であるとともに、帝国憲法改正案委員会の委員長をつとめていた。この日の閣議では、松本からその後の憲法草案づくりの報告が行われている。松本はGHQからの憲法案と日本側の考えをどのように調和させていくか、そのことを具体的に例をひきながら報告もしている。

そのうえでGHQが示した案そのものも検討している。日本がこの案に示す最大のポイントはどの点か、との話し合いで、幣原は閣僚たちに次のような説明も行っている（『芦田均日記』から引用）。

「陛下は皇室典範改正の発議権を留保できないか、又華族廃止についても堂上華族（注・旧公卿の華族のこと）だけは残す訳には行かないかと申されたといふ報告であつた」

天皇は華族のなかでも、公卿だけは残せないか、それを何らかの形で明文化できないかと考えていた。天皇にすれば、敗戦という事態になり、大日本帝国が解体しそうになっている今、せめて千年余も皇室に仕えてきた公卿たちだけでも華族として残ってほしい、つまり「天皇の藩屏」であり、「心身とも一体」となる存在でありつづけてほしいと望んでいたことになる。天皇とすれば自らの孤独感を解消したいということもあろうし、明治からの新華族とは堂上華族は別なんだとの本音をこの期にはっきりと示したことにもなった。

幣原内閣の閣議では、天皇が申しでている二点をどのようにもちだして、アメリカ側と交渉するかを議論している。そこでつまりは、「岩田（宙造《ちゅうぞう》）司法大臣は今日の如き大変革の際、かゝる点につき陛下の御思召《おぼしめし》として米国側に提案を為すは内外に対して如何かと思ふとの意見があり、一同それも御尤《ごもっとも》、致方《いたしかた》なしと断念するに決した」というのである。こうした問題は、天皇家に無用な関心をもたせることになるので、今はGHQに対してこのような提案などなすべきではないという論が納得を得たことになる。

もっともGHQは華族制度の廃止についてはとくべつに口を挟んでいない。冒頭に徳川義親は、アメリカ側の意思で廃止になったかのように書いているが、実際にはGHQ側が示した憲法草案のなかにはこうした身分制度にふれた部分はなかった。ただ日本側がまとめた憲法改正案に現在の華族はその代に限り、華族でありつづけるとの一項もあった。しかし、こうした条項は民主主義の世の中に身分制度をもちこむことになると議会で反対があり、削除されている。

まさに華族は大日本帝国の身分制度の元凶とされて消えていくことになった。

文学にえがかれた華族の消滅と世俗

かつての特権階級は戦後、社会の波風にさらされることにより、さまざまな人生模様をえがくことになった。それは戦後の風俗の一現象として報じられてもいる。そういう生き方は文学作品のなかにもあらわれている。太宰治の『斜陽』は、戦後社会で没落していくある華族の姿をえがいたのだが、社会に適応できない夫人と娘の生き方が関心を呼んだ。こうした書がベストセラーになるのは、それだけ国民の間に華族へのさまざまな感情があったからともいえた。

慣れない事業に手をだし失敗して零落《れいらく》した華族、新興宗教やイカサマ団体にかつがれて名をだす華族、心中事件を起こした華族、逆に男爵夫人であった加藤シヅエのように、労働運動の闘士と再婚し、そして戦後は社会運動に身を挺する者もあった。また華族の娘として生まれ外交官と結婚し、戦後は米軍兵士と日本人女性との間に生まれた孤児の救済活動に人生を捧げた沢田美喜などは、そういう上流階級から転じ社会運動家として名を残している。むしろ女性のなかに新しい生き方を示す者が数多くあった。

徳川義親がその著で独自の歴史観にもとづく見方を語っている。

「華族の消滅は時代の趨勢《すうせい》であった。大名・公卿にかぎらず、ひとつの特権階級が没落することは歴史の必然である。たとえば今日、隆盛を誇っている財閥、実業家でもいつかは没落するものである。だが、没落と歴史的事実、あるいは歴史的遺産とは別である。没落は当然として、歴史的遺産まで消滅させてしまわねばならぬ理由はないし、消滅さすことは日本の歴史の抹消にも通じることになる」

昭和四十八（一九七三）年に八十六歳のときに徳川が書いた一文である。徳川は、自らの辿った道を克明にえがきながら、没落していく階級の内実を丹念に書きとどめた。わたしは徳川がこの書を著したころ、東京・目白にあるその邸宅で、作家の中野雅夫に連れられていちどだけ会ったことがある。もっともわたしはただその席に座って、この老人の表情を見ていただけだった。徳川と親しい中野の幾つかの質問に、徳川はときにうなずき、ときに首をひねって、昭和初期の思い出話を口にした。

その透明な声と、たしかに気品にあふれた話し方、ソファに上品に座りこむその所作、この元侯爵という存在がアンティークの置き物のようなイメージで今も記憶の底に残っている。

徳川と昭和天皇の間には植物研究を通じての交友があったという。「天皇陛下を政治権力から外すことはぼくの長年の念願だった。今、そうなってよかったと思う」というメモが、このときのわたしの取材ノートには残っている。

華族は皇室の藩屏たり得たか

終戦の難局をまとめた男爵・鈴木貫太郎。東京裁判で天皇免責のために陳述した侯爵・木戸幸一。戦争犯罪人として裁かれることを拒否して死を選んだ公爵・近衛文麿。華族は日本を、皇室を守れたのだろうか。

昭和天皇にとって、華族とはどのような存在だったのだろうか。たしかに華族は「皇室の藩屏」といわれ、表向きは国民とは別格の強い忠臣としての意識をもっていた。すでに紹介してきたが、いわゆる不良華族や赤化華族などは決して多かったわけではない。多くの特権をもつかわりに、逆に経済的には恵まれない華族もあった。とくに旧公卿の華族は、華族令公布以後もとくべつに下賜金《かしきん》が与えられたわけではなかったから、富裕な生活をしていたとはいえなかった。伯子男爵には天皇から三万円もの公債が与えられたこともあったが、旧公卿は江戸時代の禄高に応じてそれなりの金禄公債を受けていたからである。

浅見雅男氏は、次のような例を引いている（『華族歴史大事典』新人物往来社）。

「旧公家で昭和天皇の侍従だった甘露寺受長《かんろじおさなが》（伯爵）は、自分の家は社会の中流の暮らしだったと回想しています。堅実に生活すればそれほど困らなかったわけです。しかし、だいたいが世間知らずで生活能力に乏しいひとたちですから、取り巻き連中に金をむしりとられたり、詐欺に引っかかったりして、その結果、ひどい生活をしている家も結構ありました」

もっともこれに反して大名華族（島津家、前田家など）は経済的に恵まれていて、なかには庶民の反感を買わないようそうした生活ぶりを公開しないケースなどもあったほどだ。

一口に華族といっても、その経済環境、家庭環境、さらにはそれぞれの考え方はまったく異なっていた。天皇の藩屏といっても天皇にどう忠誠を誓うかとなるとそこにも差異があった。ただ全体に言えることは華族が軍人になるケースは少なかったといえる。このことは当初から岩倉具視《ともみ》などが憂えていたというし、陸軍幼年学校、陸軍士官学校などに華族優待の枠組みをつくったが、充分に生かされることはなかった。官僚や財界人として大日本帝国を支えようとした華族が多かったといえるだろう。

昭和天皇はこうした華族たちをどう見ていたかだが、その心理状態を推測していくと旧公卿に対する身内意識が強いことはわかる。逆に明治以後の新華族に対しては、総じて宮廷官僚とみて対応したのではないかと思える。

大正天皇の東宮《とうぐう》の時代から、そして昭和天皇のもとで昭和二十（一九四五）年まで侍従をつとめた甘露寺受長は、「大正さまの東宮侍従になったとき、侍従長の一条（実輝《さねてる》）さんが、私に、お前は公卿だから衣紋《えもん》をやれと言われた。（略）（衣紋とは）装束を着せる仕事です。そのやり方を教わって、陛下にお着せする役です。それ以来、今の陛下（昭和天皇）が皇太子殿下の時代から、お祭りのたびに私がお着つけ申し上げております」（『華族　明治百年の側面史』）と話している。つまり天皇とはきわめて近い距離で、身内のように接するのが旧公卿出身の華族だったといえる。それゆえに昭和天皇も心理的に近い感情をもったのだろう。

旧公卿出身の華族のなかでも、経済的な豊かさを確保するために、子女の結婚などを通じて実業界の有力者と姻戚関係をもち、その生活に潤いを求める者もあった。そういうときには天皇との距離の近さが有利な条件となった。

昭和天皇はすでに紹介したように、旧憲法から新憲法への改正時に旧公卿出身の華族を残せないかと幣原首相に洩らしていた。そのことは近代日本に功があったとして華族になった新華族との間に心理的な壁があったと告白したことになる。この視点で改めて昭和史を見つめることが必要である。

〝美称に甘えて惰眠を貪った〟階層

昭和の政治を担った西園寺公望や近衛文麿は清華家や五摂家という出自から公爵として、天皇にとってもっとも身近な存在であった。しかし太平洋戦争が亡国の結果を迎えようとしても軍部の動きを、近衛たちは止めることはできなかった。西園寺はすでに亡く、近衛は政治的実権を失っていた。「国体」の危機を救ったのは、男爵の鈴木貫太郎であった。旧関宿藩の士族出身で海軍大将、その後宮廷官僚となったこの終戦時の首相によって、天皇は救われた。

旧公卿も諸侯も、そして明治期に勲功がありとして華族になった者も、大日本帝国の最終段階ではあまりにも無力であった。昭和二十年八月十五日の敗戦時には、華族は九百二十四家に達していた。前出の浅見雅男氏の試算によるなら「華族一家あたりの人口は平均六・四人くらいでしたから、日本人全体からすると、華族は一万人に一人弱という計算」になるという。換言すれば、真に戦争によって「国体（天皇を軸とする政治的制度）」が危機に瀕《ひん》しても、華族はなにひとつ対抗策をもてなかった、政治的エネルギーを発することはできなかったといっていいであろう。

天皇の藩屏という美称は、実際は空虚な語であり、この語に甘えて惰眠《だみん》を貪《むさぼ》っていた階層といっていいのかもしれない。昭和史のなかに、たとえ軍部権力が隆盛を極めていても、こうした軍事主導体制による国民弾圧の政治システムは亡国につながっていくとの声が旧華族からあがらなかったところに、まさに日本の華族制度の弱さがあったということになるだろう。

近衛は、敗戦後に日本に進駐してきたGHQの最高司令官D・マッカーサーに自ら求めて面会している（昭和二十年十月四日）。その折にマッカーサーから、「あなたの手で憲法改正を考えてみたらどうか」と言われたという（これについての客観的な証拠はない）。そこで近衛は自ら憲法学者を集めた。そこには京都帝大の佐々木惣一《そういち》らがいたが、このほかにも高木八尺《やさか》など名のある学者を集めて憲法草案をまとめている。十一月のころだった。近衛は、大日本帝国憲法を大胆に変えなければと、とくに統帥権などにメスをいれたという。しかし幣原内閣が独自に憲法改正を行うことになり、内閣側からこうした動きをやめるよう要求されたうえに、マッカーサーの側も近衛にそうした依頼をしたことはないとの声明をだして、近衛は梯子《はしご》を外された形になっている。

あまつさえ近衛は、戦争犯罪人の容疑者として、十二月十六日までに巣鴨プリズンに出頭するよう命じられている。近衛には公爵としてのプライドがあり、アメリカに裁かれるのは潔《いさぎよ》しとしないとして、出頭期限当日に自決している。

近衛の自決について、内大臣だった木戸幸一は、「（自決は）ぼくの考えからすれば、一

木戸幸一（1967年撮影）

種のわがままともいえるんじゃないか。ぼくの考えでは、とにかく敗戦の大責任を負った連中は、死んでしまったらそれで事がすむというものではない」（前出の『華族　明治百年の側面史』）とつき放した証言を行っている。

「天皇の藩屏」として行動した二人

昭和天皇は、近衛の自決という報告を受けたとき、うなずきながら、ただ一言「近衛は弱いね」と洩らしたとされている。この言葉は何を語るのか。天皇からすれば、公卿というのはこれほど弱いのか、歴史に立ちむかうという意気ごみをなぜもてないのか、それはひいては旧公卿出身の華族の弱さを嘆いたのではなかったか、とわたしには思えるのだ。

木戸もまた戦争犯罪人に擬せられて巣鴨プリズンに収容された。そしてA級戦犯に指定され、昭和二十一年五月三日から始まった極東国際軍事裁判（東京裁判）の法廷に立ち、天皇の側近としての立場で軍閥《ぐんばつ》の横暴を抑えることができなかったことが裁かれた。木戸は、法廷に日本文にして三百七十二ページに及ぶ膨大な口供書を提出した。これは木戸が

近衛文麿、1945 年晩秋の荻外荘で（読売新聞社提供）

日ごろ記していた日記が中心になっていた。こうした史料を提出する一方で、木戸は、キーナン検事が企図していたように、法廷でも天皇を免責とする答を巧妙に返した。天皇に戦争責任ありと考える検事や判事たちに、木戸の答弁はつけいるスキを与えなかったのである。

もっとも法廷に木戸の日記が提出されたことで、軍人たちの政治的専横が暴《あば》かれることにもなった。そのために、とくに陸軍側の被告たちの木戸に対する反感が強まったともいわれている。しかし木戸にすれば、大日本帝国憲法下で、天皇は臣下の決定を裁可するだけで、そこには無答責という原則があったとの認識にもとづいての答弁であり、自らの認識には寸分の誤りもないとの自信があった。

この東京裁判の議事録を読んでいくと、木戸の証言は陸軍の軍人たちのように隙間だらけで無責任な内容でないことに気づく。東京裁判は当初から「天皇免責」を前提に裁判所の構成から検事団長の選出までが決まっていたが、その枠組みをいささかも揺るぎなく演じたのは木戸だったのである。

それは東條の答弁が天皇の責任を認めるかのようになり、キーナンがあわてて質問を変え、その日の法廷終了後は弁護士をよびつけて叱ったという醜態とは比較にならないほどの内容でもあった。

太平洋戦争をとにかく終わらせた鈴木貫太郎、そして東京裁判でも天皇へ責任がないことを認めさせた木戸幸一、このふたりの華族は、歴史のうえではまさに名実ともに「天皇の藩屏」であったといえるだろう。華族制度の最終幕に立っていたのはこのふたりであったことが、昭和天皇にとっては僥倖《ぎょうこう》だったように、わたしには思える。同時にこのふたりによって華族史は、歴史的に相応の重みをもつことになったといえる。

昭和を代表する四人の華族の運命

平成二十（二〇〇八）年九月のある一日、まだ残暑の厳しい日の午後だが、わたしは東京・池袋東口にあったかつての巣鴨プリズン跡に立った。今は東池袋中央公園があり、隣には地上六十階のサンシャインビルが佇立《ちょりつ》している。行き交う人もビジネスマン、あるいは買い物客の姿が多い。巣鴨プリズンのことを知る人もいないように思える。

東池袋中央公園の端の目だたぬところに、隠れるように石碑が建っている。この地で東京裁判の七人の被告が絞首刑の判決を受けて、処刑されたことが碑文には刻まれている。この表現については各様の言い方があるが、とにかくここで大日本帝国の軍事主導体制国家が崩壊したことだけはわかる。この地に立って、公園で憩《いこ》いのひとときをすごしている人たちを見ていると、たしかに歴史はそれぞれの時代の空間さえも大きく変えていき、そこにはかつての時代の片鱗《へんりん》もないことに気づかされる。

木戸は東京裁判では終身禁錮の刑を言いわたされた。六十年前の昭和二十三年十一月十二日のことだ。しかし判事団の票決では、六対五で絞首刑を免れたといわれている。この一票差は、昭和史に華族が置かれた状況を示しているように見える。昭和三十年にこの巣鴨プリズンを仮釈放されたが、とくに公的発言をすることもなく、昭和五十二年に死去した。八十七歳だった。

近衛や木戸に比べれば、牧野伸顕は昭和十年代にはほとんど政治に関わらなかったために、東京裁判とも無縁だった。戦後は、昭和天皇から密かに相談をもちかけられていたという。女婿《じょせい》にあたる吉田茂にも乞《こ》われると助言を行っていた。昭和二十四年に千葉県の自宅で静かに死去した。八十七歳である。

西園寺公望、近衛文麿、そして牧野伸顕と木戸幸一、昭和という時代の四人の華族の死を見ると、近衛以外は天寿を全うしている。そこにそれぞれの昭和の様相が凝縮している。

新しい憲法が施行されてから十二日目の昭和二十二年五月十五日の『入江相政日記』の記述に、「(午前) 十時より元有爵者百七十三名に拝謁を賜はる。『この度爵といふものが無くなつたが、今後も益々努力して先祖の名を辱めぬやうに』との難有いお詞を賜はつた」との一節がある。新憲法施行の前 (三月十三日) に華族世襲財産法が廃止された。新憲法で貴族院もなくなった。

そこで昭和天皇は、九百二十四家のうちの百七十三人を呼んで言葉を与えたのである。

百七十三人の内訳はわからないが、わたしの見るところ公侯爵ではないかと思う。昭和天皇にとって、皇室の藩屏であるのもさることながら、自らの祖先の名を汚さぬようにとの助言であった。もとよりそこには昭和天皇自身の思いも宿っていたのではないだろうか。

こうして華族の歴史は六十三年で終わった。近代日本でこの奇妙な存在がよく六十三年もつづいたといえるように、わたしには思えるのだ。

あとがきに代えて――華族とは何だったのか

昭和という時代にあって、華族制度はどのような役割を果したのか。あるいはその存在はどういう意味をもったのか。本書はそのことを確認したいとの思いで書かれている。

華族が「皇室の藩屛《はんぺい》」といわれる所以《ゆえん》は、明治からの天皇制国家に盡《つく》せよとの詔勅《しょうちょく》にあった。明治十七（一八八四）年七月七日に発せられたこの詔勅（「華族授爵ノ詔勅」）の全文を紹介すると、以下のようになる。

朕惟《ちんおも》フニ華族勲冑《くんちゅう》ハ国ノ瞻望《せんぼう》ナリ宜《よろ》シク授《さず》クルニ栄爵ヲ以《もっ》テシ用テ寵光《ちょうこう》ヲ示スヘシ文武諸臣中興ノ偉業ヲ翼賛シ国ニ大労アル者宜シク均《ひと》シク優列ニ陞《のぼ》シ用テ殊典ヲ昭ニスヘシ茲《ここ》ニ五爵ヲ叙《さずけ》テ其《その》有礼ヲ秩《ちつ》ス卿等益《ますます》爾《なんじ》ノ忠貞ヲ篤クシ爾ノ子孫ヲシテ世々其美ヲ済《な》サシメヨ

ここに華族令を発布し、国家の発展に功のあった者に五爵を与えるが、その栄誉と忠良の志は子孫たちにも伝えよとの意味がこめられていた。そのうえで、華族には幾つかの特典も与えられた。『皇室事典』（井原頼明、昭和十三年）によれば、その特典とは、「貴族院議員たるの特権」「家憲を定むるの権」「世襲財産の設定」「就学」があるというのである。

このなかで「家憲を定むるの権」によれば、「家憲は一家の典則であり、誰でも家憲を定むることが出来るけれども、有爵者は華族令により法律命令及び華族に関する規程の範囲内に於《おい》て、宮内大臣の認可を経て家憲を定め、裁判所もこれを認めて裁判しなければならぬ」とある。つまりそれぞれの華族は、家憲という語に象徴されるように、相続や婚姻、それに分家などをどう行うかなどの規定を決めてかまわないが、それは華族令の範囲内に限定されるというのであった。そのために華族令の施行のあとに逆に家憲を定める華族がふえたという説もある。このなかで、家憲の重要な役割は、相続順位や養嗣子《ようしし》の選定などになるが、各華族によってこのことを明記しているところと明記していないところがあるというのだ。

『華族歴史大事典　華族と近代日本の基礎知識』（新人物往来社）のなかに、森岡清美の「華族の家憲」という一文があり、そこに次のように書かれている。

「家憲に相続に関する条項を設けていないもの（三条公爵家、有馬伯爵家、溝口伯爵家等）、設けているが男子相続とは言明していないもの（堀田伯爵家等）、ただ男子に相続させるとのみ言うもの（前田侯爵家、近衛公爵家、津軽伯爵家、徳川慶喜《よしのぶ》公爵家等）、祖先の男統を伝えよとのみ言うもの（伊達侯爵家、島津忠義《ただよし》公爵家等）、男子の相続順位を世代の深みをもたせて規定するもの（両大谷伯爵家、立花伯爵家、とりわけ上杉伯爵家等）、という概略・詳細の差異が条文に見られる」

相続は華族の生命線のようなものだが、その点についてはどの華族でも明文化した条文をもっていたわけである。基本的には男統をいかに残すかという点に配慮していることがわかる。「家」という歴史的存在を、社会の中枢の階層として何としても守らなければならないという意味になる。その「家」そのものが天皇制国家の「藩屏」として位置づけられるように配慮していることもわかる。

近代日本では、華族はその見返りとなるのだろうが、「皇族と御結婚の資格」「宮中の儀礼に参列」「位階を授けらる」といった礼遇を受ける（『皇室事典』より）。とくに重要なのは、有爵者の家族は皇族と結婚する資格を有するというのであった。従って、たとえば昭和四（一九二九）年に昭和天皇の弟宮である秩父宮《ちちぶのみや》と結婚した松平勢津子《せつこ》さん（外交官松平恒雄《つねお》の長女。松平家は華族だが、恒雄は華族の有資格を辞退していた）は、叔父の松平保男子爵の養女として籍を移して結婚したというケースがある。

華族は、こうして一般国民とは異なる身分制度のなかで守られていたが、この華族制度は昭和という時代にあってはどのような役割を果たしたか。そのことを本書では具体的なエピソードをもって語ってきた。華族たちのエピソードや事件の調査、そして研究者による華族の生態研究をもとにその実像をえがきたいというのが、わたしの思いでもあった。

正直にいえば、華族は昭和という時代にあっては、政治的、軍事的に特別に功を成したとか成さないと断定できるほどの存在ではなかったといえるのではないか。むしろ華族のなかでも何人かが、天皇側近として重要な役割を果したということであろう。本書でもしばしばとりあげたのだが、その主たる華族とは、公爵の西園寺公望《きんもち》と近衛文麿《ふみまろ》、侯爵の木戸幸一、伯爵の牧野伸顕《のぶあき》である。この四人は宮廷官僚、あるいは天皇側近として昭和前期の政治にかかわりつづけた。もっとも西園寺は昭和十五年十一月に死亡しているし、牧野は昭和十年十二月に内大臣を辞職してからは直接には影響力を駆使することはなかった。従って、昭和二十年八月の太平洋戦争終結までの間に、天皇側近として一定の力をもっていたのは木戸と近衛であった（近衛は、昭和十六年十月に首相辞任してからは、重臣として天皇に意見を述べるにとどまり、その影響力は弱まっていた）。

この四人のほかに華族として力をもったのは、貴族院のなかにつくられていた主に公爵、侯爵を中心にした若手華族のグループである。「火曜会」などがそうだったのだが、その体質は確かに自由主義的な面もあったにせよ、歴史を動かすほどの存在とはいえなかった。

こうしてみると、華族は昭和という時代に戦争を止めることもできず、しかも政治そのものの優位性を主張しつづけたという存在でもなかった。四人の宮廷官僚たちを見ても、軍事の暴走に対する歯止め役になろうと意図したことは充分にわかるが、しかし結果的にその役を果たすことはできなかった。

四人のこの華族を通しても言えることだが、彼らに決定的に欠けていたのは軍事に対する知識がなく、それゆえに統帥権という言葉がもちだされるとまったく抵抗できなかったことだ。華族の最大の弱点は、軍のなかに強力な同志をもっていなかったことである。そのために軍事的膨張にはなんらの対抗措置をとることもできなかった。

華族として軍人になった人物で著名な一人に侯爵の前田利為《としなり》がいる。加賀の前田家の十五代当主（分家の七日市藩から幼児期に養子となる）として、本来なら外交官の道を歩きたかったとされているが、明治三十年代に明治天皇から、華族の子弟はなるべく軍人になるべしとの沙汰《さた》もあり、それで軍人の道を進んだ。陸士十七期生で同期に東條英機がいた。関東軍の第八師団長時代には対ソ強硬派の東條と激論を交わして穏便な路線を主張した。そのためもあってか昭和十四年一月には予備役に編入されている。しかし昭和十七年四月、太平洋戦争後に再び呼び戻され、ボルネオ守備軍司令官を命じられている。在任中の前線視察の折、飛行機事故によって戦死している。

この前田利為などが、軍人として宮廷官僚たちに影響を与えたなら、軍事政策も変わった可能性がある。少なくとも東條の無謀な戦争指導に注文をつける力はもっていたはずであった。

金沢誠・川北洋太郎・湯浅泰雄編の『華族　明治百年の側面史』では、前田利為の長女であった酒井美意子《みいこ》氏が、父と東條の関係について証言している。その一節を引用する。

「東条が陸軍次官のとき、父は予備役に編入されました。その後は貴族院の火曜会に所属しておりまして、日伊協会や日丁（デンマーク）協会の会長や文化奉公会会長、機械化国防団総長などもつとめておりました。父は三国同盟に絶対反対でしたし、無謀な戦争は極力回避すべしと主張していたようでした。父の日記をみますと、ドイツがソ連に侵入した当時、ドイツは二ヵ月で手を引かなかったら敗北すると書いております。それから太平洋戦争が始まったころ、十二月十五日の日記には、ソ連は必ず参戦する、いずれ時間の問題だと書いております、父は『東条は先の見えない男だし、到底、宰相の器《うつわ》ではない。あれでは国をあやまる』と残念がっておりました」

この証言から窺えるのは、前田利為のように軍事知識をもち、貴族院で一定の発言力をもつ者が、東條首相兼陸相にはいかに煙たかったかがわかる。東條がそれゆえに前田をボルネオ軍司令官に追いやったとの軍内の説はあたっているようにわたしには思える。実際に、前田が貴族院にあって火曜会の一員として内大臣の木戸幸一などと連携をとったら、東條内閣の軍事主導政策のほころびは天皇にも正確に伝わったであろう。

こうみてくると軍事にうとい文官の華族を支えようとする軍人の華族は意図的に省部から外されたといっていいだろう。軍事主導体制という、昭和前期の政治システムは、偏狭な軍事指導者たちのつくりあげたシステムというべきだが、それに抵抗する華族が存在しなかったことが、昭和という時代の不幸な史実といっていいかもしれない。

華族の生活の一端について、本書では詳細にはふれていないために、そのことについて補完しておきたい。わたしはかつて、『華族歴史大事典　華族と近代日本の基礎知識』に「華族会館」という稿を書いたことがある。そのなかの一節を引用するが、明治二年に太政官通達（公卿と諸侯を華族に列する）をもとにして華族制度の礎《いしずえ》が築かれた。そして明治七年二月に、華族会館の創立総会が開かれている。

「頭取兼幹事長には中御門《なかみかど》経之《つねゆき》が、書記のポストには松平慶永《よしなが》・平松時厚《ときあつ》・秋月種樹《たねたつ》が就いた。会則の第一条では、『華族会館ヲ建設シ館中左ノ諸局ヲ分置スル事』といって、会議局・書籍局・講義局・少年勉学局・翻訳局・雑務局・会食所を設置するともいった。ゆくゆくは華族会館を建設するのだが、そのための資金集めはまず家禄に応じて決めようとも、第二条には明記している。家禄二万石以上は十分の一を、一万石以上は十五分の一という具合に、具体的な数字もあがっている。家禄一千石以上は七十分の一、一千石未満は百分の一となっていて、大禄華族のほうが圧倒的に負担が大きい。これには華族の間からも不満の声があがった。役員たちは、『大禄華族は、小禄華族を助けるべし』といって、この声を抑えた」

　この華族会館が、明治十年に錦町に華族学校を開校している。これがのちの学習院である。このほかにも第十五国立銀行や日本鉄道会社などの事業に参画している。こうした事業に華族の大多数が創業資金などを提供した。ところが昭和二年の金融恐慌によって、第十五国立銀行は倒産に至っている。華族のなかには経済的に困窮する者もあらわれた。そのために宮内省が生活上の体面を保障する経済支援のシステムもできあがったのである。

　華族会館の建物は明治期にはあちこちに移転している。明治二十三年には鹿鳴館《ろくめいかん》を借り受けた。これまでに七回の移転があったが、この鹿鳴館に移ってからは四十年間にわたりこの地で存続している。大正六（一九一七）年には敷地内に本館を建てている。昭和二十年八月の日本の敗戦後は、ＧＨＱ（連合国軍総司令部）に接収されたが、昭和二十二年五月三日に新憲法が施行されたあとに、幹部会を開き、華族制度廃止に伴い、会館の名称も霞会館と名を替えることになった。このときに一部の幹部の間には、占領が解けたあとに華族制度の復活をとの思惑があり、そのときは旧に戻すとの意向もあったとされる。

　しかし華族制度は復活することなく、現在も霞会館の名でその活動はつづけられている。

　霞会館の敷地には、昭和四十三年に霞が関ビルが建てられ、霞会館自体はこの超高層ビルの三十四階にある。本書でも紹介したとおりである。華族制度が廃止になって六十年余、今や会員も旧華族の四代目、五代目といった世代になっているが、会合の参加者も一定の数字で推移しているというから、日本の上流階級としての誇りを共有する人たちの層も常に限られた数とはいえ存在しているということなのであろう。

　本書を著すまでに毎日新聞社出版局の阿部英規氏、写真記者の水本圭亮氏、そして毎日新聞社編集局の編集委員大久保和夫氏には多大な尽力をいただいた。阿部氏による励ましがわたしにとっての力になったことが再三であった。諸氏に改めて感謝したい。
『サンデー毎日』前編集長の山本隆行氏の御協力に謝意を表したい。
取材でお世話になった人たちのそれぞれの好意にも感謝したい。

平成二十（二〇〇八）年十一月

保阪正康

文庫版あとがき

英国上院は貴族院ともいわれるが、ここに属する議員は、全員が爵位をもつ貴族という。「選挙で選ばれた者は一人もいない。歳費もなく、議員定数もない。現在、議決権を持つ議員数は千六十七人。代々議員の地位を相続する世襲貴族と、政財界などでの実績を認められ首相から推薦されて爵位を得た一代貴族に大別される」(伊熊幹雄『検証　英国の民主主義』読売ぶっくれっと、平成十年刊)。現在の内訳は世襲貴族が六割、一代貴族が四割、それに英国国教会の関係者(貴族)が二十六人加わるのだという。

英国上院はむろん下院に比べてその政治的実権はきわめて弱い。とはいえ上院には、典型的な英国貴族の発想をもつ者もいて、下院の法案に対して意見を披瀝する者も少なくないという。いわば英国型教養タイプが多いといえるのだろうが、そこには英国流貴族の存在を肯定する意見もあるとされる。

貴族というのは世襲であるのはおかしい、との声は、英国でも労働党内に多い。しかしこの制度を覆すほどの動きにはなっていない。

かつての日本では貴族院はどのような役割を果たしたのか。ありていにいえばそれは単に名誉職のように思われ、貴族院議員であることの責任感はさほど強くはなかった。時代がどのように変化しようとも自らの社会的地位が脅かされなければそれでよいというのが正直な姿だったといってもいいであろう。

昭和史の中で、貴族院が発火点となって注目された出来事に、昭和九年の美濃部達吉の天皇機関説を排撃する運動があった。これは貴族院議員の菊池武夫が、「美濃部学説は反国体であり、不忠の学説である」との質問を行って火をつけた形になった。それが衆議院にも飛び火し、そして在郷軍人会を中心にした国民運動にと転化していった。この動きの内実をさぐっていくと、反美濃部を標榜する一部の右翼グループが、意図的に貴族院を動かし、その余勢を駆って国民運動に転化していったように思えるのである。それほど貴族院は外部勢力から利用されやすい体質を持っていたといってもいい。

昭和史の中に、貴族たちが果たした役割は決して大きくはない。まず軍人にせよ、官僚にせよ、功成り名を遂げたあとに、とにかくその終着駅は叙位を受けることであった。軍人たちがなぜそれほど功を挙げ、名を高めたかったかは、なによりもまず爵位を受けることが望みだったからだ。開戦前に首相の座に座り、太平洋戦争三年八カ月のうち二年八カ月を指導した東條英機は、軍事指導者として爵位を受けることを希望していたし、自らの栄達をその段階にまで高めるのを当面の目標と考えていた節さえ窺われる。もとより東條だけでなく、多くの軍事指導者はその野望を持っていた。元老の西園寺公望や内大臣の木戸幸一は、そのことを憂慮していたともいわれるのである。

公卿華族の中でも西園寺や近衛文麿は、明治維新後の勲功華族そのものを内心では軽侮していた。近衛は、勲功華族の子弟たちに「華族の心得え」というタイトルで講演を行ってほしいと頼まれると「華族とは公卿のことであり、彼らは華族ではない」と発言している。

そういうプライドは、西園寺や近衛にはかなり顕著である。現実に昭和という時代に、西園寺や近衛、それに牧野伸顕（勲功華族の子息にあたる）、木戸幸一（同）の四人の天皇との距離を改めて考えてみるとよくわかる。たとえば西園寺や近衛は天皇と一体であり、天皇が批判され、謗られるのは自分たちが批判されることだと受け止めている。もっとわかりやすくいえば、自分たちは天皇と一体であるとの認識がある。いわば天皇側近として千年余にわたって続いてきたという歴史上の誇りを持っている。

反して牧野や木戸は五十年余の天皇側近の家柄であり、どこかに「天皇は天皇、自分は自分」といった冷めた見方があるように思える。昭和十年暮れに、牧野は内大臣のポストを離れるが、それは世情が騒然となってきたときに我身にも危険が及ぶのではないかと考えての辞任であった。自分はどうあれ天皇の傍にあって、その身をお守りするとの意識には欠けていたのではないか。そこにふたつのタイプが異なる所以があるとの説も成りたつ。

文庫版にあたって、こうした英国型の貴族院のあり方や天皇側近の最重要人物の意識の違いなども汲みとってほしいと思う。こうした問題意識は、改めて日本の華族制度を考えるときの重要な鍵になりうると、私は考えるに至っているからである。日本の華族制度はしだいに検証も進んでいるが、こうした視点もまた視野の中に入れるべきと指摘しておきたい。

華族研究では日本の先達の地位にある浅見雅男氏に、「解説」をいただいた。謝意を表したい。

保阪正康

平成二十六（二〇一四）年十二月

解説

浅見雅男

今年（二〇一五年）の夏で昭和の敗戦から満七十年、つまり華族という世襲の特権身分が実質的に消滅してからも七十年が過ぎることになる。時の流れのなかで、華族という言葉はともかく、その実態はほとんど忘れ去られているといっても過言ではなかろう。

もちろん、若い世代をふくむ歴史研究者のなかには、華族に関心をもち、さまざまな視点から地道な分析をつづけている人々がいる。ここ数年の間でも、たとえば刑部芳則『明治国家の服制と華族』（二〇一二年、吉川弘文館）などの成果がうみだされているが、残念ながらこのような労作が、専門家以外の多くの人たちの目に触れているとは思えない。

そのため、といってよかろうが、事実を正確に調べたうえで書かれるはずの、いわゆるノンフィクションというジャンルの書物などにも、華族についての頓珍漢な記述がしばしばみられる。「歴史小説」と称するフィクションが、読者の史実についての認識を歪めている例は枚挙にいとまがないが、ノンフィクションでも同じようなことがおきかねないのである。

そう考えてくると、この『華族たちの昭和史』は、大いに意味のある書物だということができる。『東條英機と天皇の時代』や『秩父宮と昭和天皇』などの昭和史に材をとった優れたノンフィクション作品を数多く執筆し、昨今の「昭和史ブーム」を牽引している一人でもある著者が華族と正面からとりくんだことにより、この特権身分にすこしでも関心をもつ人たちがふえるのが期待できるからだ。

*

さて、本書では昭和史において華族が関係した事件などが幅広く紹介されているが、もっとも注目すべきなのは、それらをながめていくとき、著者が華族という身分を安易にひとくくりにしていないことである。

明治二(一八六九)年六月、江戸時代に京都朝廷で天皇につかえていた公家(公卿)と、徳川幕府に臣従していた大名(諸侯)をまとめて華族と称することになった。要するに華族には初めから二つの異質の要素がまじりあっていたのである。そして以後も公家、大名の分家や大藩の家老、名門寺社の僧侶や神職などがそのなかにくわえられ、さらに明治十七年七月以降になると、かつては大名の家臣や豪商だったもの(士族、平民)などの家もまた、国家・社会への貢献を理由に、続々と華族(いわゆる「新華族」「勲功華族」)とされていった。したがって、華族を分かりやすく哺乳類にたとえるなら、そのなかにはヒトもゾウもウマもパンダも含まれているのであり、それらを全部まとめて「華族（哺乳類）がどうしたこうした」といっても、あまり意味はないどころか、歴史の重要な部分を見誤るおそれすらあるのだ。

著者は本書で四人の華族、西園寺公望（元老）、近衛文麿（総理大臣）、牧野伸顕（内大臣）、木戸幸一（内大臣）にくりかえし言及している。かれらが昭和史のなかで果たした役割を考えれば当然のことだが、そこで著者は、「この四人の天皇に対する姿勢やその立場には微妙な違いがある」と述べ、その根本には華族としての出自の違いがあったと指摘している。

爵位をみれば西園寺、近衛は公爵、牧野は伯爵（その生家大久保家は侯爵。父は利通）、木戸は侯爵と、いずれも高いランクの華族である。しかし、江戸時代までは近衛家が公家社会最上位の摂家、西園寺家はそれに次ぐ清華という名門の旧家であったのに対し、木戸家は長州藩、牧野家（大久保家も）は薩摩藩の下級武士であった。同じ華族ではあるが、この四人は出自によりはっきりと二つに分けられ、著者はそのことが「天皇に対する姿勢や立場」に微妙な相違をもたらしたというのだ。

*

ただし著者が、西園寺、近衛のほうが昭和史において、あるいは天皇との関係において、牧野、木戸に勝る存在だったと考えているわけではない。あるとき近衛文麿が、「華族とは公卿のことですよ」と言ってのけたことは本書でも紹介されているが、文麿の父で貴族院議長や学習院院長をつとめた篤麿も同じことを口にしている。彼らにとって、大名華族はもとより、新華族などは自分たち公家華族にくらべ数段下のものだったのだが、しかしそれが空しい「誇り」にすぎなかったことを、著者は事実に即してあきらかにしている。

敗戦後、近衛が戦犯とされる屈辱からのがれるために毒をあおいで自殺したことについて、木戸は後年、「一種のわがまま」と決めつけた。死者に対してなんとも冷たい言い方のようだが、実は木戸は学習院初、中等学科にほぼ同じころ通った近衛のことを、「所詮はおぼんちんだよ」と評して、その精神力にもともと疑問を呈していた。西園寺は四十歳以上年下の文麿を、家格の故に面と向かって「閣下」と尊称し、総理大臣にしようと熱望もした。しかし、維新の激動をくぐりぬけた木戸孝允の孫で、自らも実力で高級官僚、大臣になった木戸は、この公家華族の貴公子公爵を元老よりもはるかにクールにながめ、政治家としても高く評価していなかったのである。

昭和天皇も文麿自殺の報を聞き、「近衛は弱いね」とつぶやいたというが、著者はこの言葉を、「旧公卿出身の華族の弱さを嘆いたのでは」と解釈している。天皇が公家華族に親しみをもっていたのは、敗戦後、帝国議会における明治憲法改定審議のなかで華族廃止がきまりそうになったとき、「公家華族だけはのこせないか」と当時の幣原喜重郎総理大臣にもらしたことからもあきらかである。しかし、そうした千数百年の歴史的背景をもつ感情とは別に、天皇もまた、皇室存亡の危機にあたり、公家華族が頼りにならないことを痛感したのであろう。

＊

木戸の「一種のわがまま」との言葉の裏には、近衛が昭和天皇に戦争責任追及の手が及ぶことを体を張って阻止しなかった、とのいらだちがある。木戸はA級戦犯容疑者として逮捕され、巣鴨プリズンに収容されたが、天皇に戦争責任がないことの証明をするために、東京裁判の法廷に自分の日記を提出し、尋問に対してはソツのない答えをした。著者はそれを、「名実ともに『天皇の藩屏』としての役割を果たした」と高く評価している。

たしかに木戸が近衛のように逮捕され裁判にかけられる前に自殺してしまっていたら、状況はどう変わっていたかわからない。いまではアメリカ側がかなり早くから天皇の責任を問わない方針をきめていたことが日本でも分かっているが、敗戦直後にはそうではなかった。木戸の行動を自己保身のためと見る向きもあるが、やはり木戸は天皇に対する華族としての義務をつよく自覚していたというべきだろう。

もう一人著者が評価する華族は鈴木貫太郎である。連合艦隊司令長官、軍令部長をつとめたあと侍従長となり、「二・二六」のとき反乱軍におそわれて瀕死の重傷を負ったこの海軍大将は、反乱がおきた年の十一月に華族となり、男爵に叙せられた。海軍軍人、侍従長としての功績が評価されたためだが、華族史のうえでみれば、かれの受爵は最後から九人目、生え抜きの兵科の軍人としては最後のものであり、文字通りの新華族といえよう。

鈴木は昭和二十年四月、総理大臣に就任、八月九日深夜のポツダム宣言受諾の可否を議する御前会議での「聖断」を実現し、大東亜戦争をようやく終わらせることに成功した。著者はこれを、木戸と同じく「天皇の藩屏」の役割を果たしたと称えている。鈴木が上記のような華族であったことを思えば、歴史とは皮肉なものであるのが分かる。

＊

明治四年十月に、明治天皇は華族たちを集め、「華族は『国民中貴重の地位』にいるのだから他の国民の模範となるようにせよ」との勅語をあたえた。しかし、多くの華族、とくに天皇のもっとも身近にいた公家華族たちが、この期待に応えられなかったことを本書は示している。旧時代の特権身分を母体に誕生し、新時代においてもほかの日本人よりもはるかに社会的、政治的、経済的に優遇されていたかれらは、自らの努力によって獲得したわけでもない立場に甘えていたのである。

そして、いまでも生まれながらに恵まれている人間はいる。もちろん、本人たちがそう望んでこの世の中に出てきたわけではないが、長じてからも「銀の匙」をくわえて誕生した幸運を自覚せず、棚ボタの環境に甘えている世襲政治家などを見ると、やはり華族について知ることは重要だと痛感する。本書を読む価値はそこにもある。

（あさみまさお・近現代史研究家）

『昭和史の大河を往く〈第六集〉華族たちの昭和史』
（平成二十年十二月、毎日新聞社刊）

初出

『サンデー毎日』平成二十年六月一日号～十月十二日号（二十回）

人物の役職、年数の起点などは掲載時点のものです。

中公文庫

昭和史《しょうわし》の大河《たいが》を往《ゆ》く6
華族《かぞく》たちの昭和史《しょうわし》

2015年1月25日　初版発行

著　者　保阪《ほさか》正康《まさやす》

発行者　大橋　善光

発行所　中央公論新社
〒104-8320　東京都中央区京橋2-8-7
電話　販売　03-3563-1431　編集　03-3563-2039
URL http://www.chuko.co.jp/

ＤＴＰ　平面惑星
印　刷　三晃印刷
製　本　小泉製本

Published by CHUOKORON-SHINSHA, INC.
Printed in Japan　ISBN978-4-12-206064-7 C1121

中公文庫既刊より

各書目の下段の数字はＩＳＢＮコードです。978－4－12が省略してあります。

ほ-1-1
陸軍省軍務局と日米開戦
保阪　正康
選択は一つ――大陸撤兵か対米英戦争か。東条内閣成立から開戦に至る二カ月間を、陸軍の政治的中枢である軍務局首脳の動向を通して克明に追求する。
201625-5

ほ-1-2
秩　父　宮　昭和天皇弟宮の生涯
保阪　正康
近代天皇制のもとで弟宮という微妙な立場で激動の昭和史に立ち向かい、栄光と苦悩のなかに生きた秩父宮。その生の真実に迫る名著。〈解説〉半藤一利
203730-4

ほ-1-4
吉田茂という逆説
保阪　正康
空白の時代に強烈な指導力を発揮した戦後最大の政治家・吉田の虚実。様々な資料を読み解きながら、吉田の本質に鋭く迫る著者渾身の書。〈解説〉庄司潤一郎
204207-0

ほ-1-7
昭和の戦争を読み解く　戦争観なき平和論
保阪　正康
戦後に刻印された我々の記憶は本当に正しい二十世紀像を結んでいるのであろうか。「昭和史」を訪ねて関係者三千人にあった著者が導かれた結論とは。〈解説〉半藤一利
204713-6

ほ-1-8
六〇年安保闘争の真実　あの闘争は何だったのか
保阪　正康
それは、戦後の日本がいちどは通過しなければならない儀式だった――昭和史のなかで最も多くの人々を突き動かした闘争の発端から終焉までをつぶさに検証する。
204833-1

ほ-1-9
昭和天皇（上）
保阪　正康
その誕生から終戦まで、昭和天皇の足跡を丹念に辿りながら、「昭和の意味」を浮き彫りにし、日本という国、天皇という存在の意味を改めて問う。
205090-7

ほ-1-10
昭和天皇（下）
保阪　正康
戦後は「象徴天皇」として歩んだ昭和天皇の生涯を様々な資料から浮き彫りにしつつ、昭和という時代の意味をも問う、著者渾身の労作！〈解説〉長門保明
205091-4

ほ-1-11
新編 後藤田正晴 異色官僚政治家の軌跡
保阪正康
旧内務省官僚、警察官僚を経て、政治家として自民・非自民の双方から敬意を集めた後藤田正晴。律儀に真摯に、大胆に生きた氏の歴史的普遍性に迫る。
205099-0

ほ-1-12
五・一五事件 橘孝三郎と愛郷塾の軌跡
保阪正康
人道主義の系列にあった橘孝三郎と愛郷塾は、なぜ五・一五事件と結びついたのか。橘氏本人への取材を基に、歴史的事件の真相に新たな光をあてる。
205181-2

ほ-1-13
1989年の因果 昭和から平成へ時代はどう変わったか
保阪正康
天皇崩御、与党の大敗、消費税導入、東西ドイツ統一、天安門事件……世界的な激動の年であった平成元年当時の記録を、いまの視点からあらためて問い直す。
205469-1

ほ-1-14
昭和史の大河を往く1 「靖国」という悩み
保阪正康
政治や外交の思惑もからみ、複雑化する靖国問題の本質とは。首相の発言と参拝、様々な立場の歴史解釈、昭和天皇の思いなど、資料と取材から多面的に迫る。
205785-2

ほ-1-15
昭和史の大河を往く2 国会が死んだ日
保阪正康
議会はどう「死んでいった」のか、首相官邸に身を置いた政治家はどんな心境になったか。二つの権力空間から見る昭和史。長年の取材の成果を随所に盛り込む。
205822-4

ほ-1-16
昭和史の大河を往く3 昭和天皇、敗戦からの戦い
保阪正康
敗戦の一ヵ月後、昭和天皇の新たな戦いが始まった。マッカーサーとの心理戦や弟宮との関係を丹念に追い、いま歴史へと移行する昭和天皇像を問い直す第三集。
205848-4

ほ-1-17
昭和史の大河を往く4 帝都・東京が震えた日 二・二六事件、東京大空襲
保阪正康
昭和史を転換させた二・二六事件と、いまも傷跡が残る三月十日の大空襲。東京を震撼させた二つの悲劇を中心に「歴史の現場」を訪ねながら考える第四集。
205918-4

ほ-1-18
昭和史の大河を往く5 最強師団の宿命
保阪正康
屯田兵を母体とし、日露戦争から太平洋戦争まで、常に危険な地域へ派兵されてきた旭川第七師団の歴史を俯瞰し、大本営参謀本部の戦略の欠如を明らかにする。
205994-8

各書目の下段の数字はISBNコードです。978－4－12が省略してあります。

あ-13-3
高松宮と海軍
阿川 弘之
「高松宮日記」の発見から刊行までの劇的な経過を明かし、第一級資料のみが持つ迫力を伝える。時代と背景を解説する「海軍を語る」を併録。
203391-7

あ-72-1
流転の王妃の昭和史
愛新覚羅《あいしんかくら》 浩《ひろ》
満洲帝国皇帝弟に嫁ぐも、終戦後は夫と離れ次女を連れて大陸を流浪、帰国後の苦しい生活と長女の死……激動の人生を綴る自伝的昭和史。〈解説〉梯久美子
205659-6

こ-8-17
東京裁判（上）
児島 襄
昭和二十一年五月三日、二年余、三七〇回に及ぶ極東国際軍事裁判は開廷した。厖大な資料と、関係諸国・関係者への取材で、劇的全容を解明する。
204837-9

こ-8-18
東京裁判（下）
児島 襄
七人の絞首刑を含む被告二十五人全員有罪という苛酷な判決。「文明」の名によって戦争を裁いた東京裁判とは何であったのか。〈解説〉日暮吉延
204838-6

は-36-1
太平洋戦争航空史話（上）
秦 郁彦
零戦神話の崩れた日、日本軍唯一の米本土空襲——。太平洋の航空戦史に残った知られざる秘話を、日米欧の発掘資料と生存者の証言をもとに精細に再現する。
202370-3

は-36-2
太平洋戦争航空史話（下）
秦 郁彦
高速機彩雲の活躍、名機・紫電改を擁する最後の海軍戦闘機隊——。太平洋戦争において、多大な犠牲を出しながら最後まで敢闘した陸海軍航空隊の埋もれた歴史。
202371-0

は-36-12
決定版 日本人捕虜（上） 白村江からシベリア抑留まで
秦 郁彦
膨大な文献渉猟と収容所等の現地調査、元捕虜や遺族への聞き取りを重ねたうえで、感情論に流されない冷厳な視点から日本人捕虜の実像を活写した名著。
205986-3

は-36-13
決定版 日本人捕虜（下） 白村江からシベリア抑留まで
秦 郁彦
丹念な調査をもとに緻密な叙述を行った旧版の刊行後、新たに得た情報より補正を加えた決定版。長年に亘る史家の努力がここに結晶。〈解説〉稲葉千晴
205987-0

は-36-10
検証・真珠湾の謎と真実 ルーズベルトは知っていたか
秦 郁彦 編
ルーズベルトは日本の真珠湾攻撃を事前に察知していたのか。戦史研究の第一人者たちが米公文書、日本側資料、当事者の証言を精査し、あの日の実像に迫る。
205569-8

よ-49-1
日米開戦と真珠湾攻撃秘話
半藤一利 秦 郁彦 横山恵一 編
ハワイ攻撃までの実態、開戦に対する論考、出撃した兵員の肉声等、当時の貴重な証言と、真珠湾攻撃に参加した七七〇人の氏名一覧を収めた一級資料集。
205734-0

よ-24-7
日本を決定した百年 附・思出す侭
吉田 茂
偉大なるわがままと楽天性に満ちた元首相の個性が描き出した近代史。世界各国に反響をまき起した名篇が文庫にて甦る。単行本初収録の回想記を付す。
203554-6

B-1-22
大磯随想
吉田 茂
長期政権から退き大磯に隠棲した著者が、戦後十余年にして未熟な政治を憂い、今後の外交、防衛、民主主義の重要性について語る。〈解説〉渡邉昭夫
203952-0

S-23-1
昭和史の天皇 1 空襲と特攻隊
読売新聞社 編
特攻隊の戦果に対し天皇は「そのようにまでせねばならなかったか」と呟いた……。延べ一万人・六千時間に及ぶ証言で構成する歴史ドキュメント。
205556-8

S-23-2
昭和史の天皇 2 和平工作の始まり
読売新聞社 編
鈴木貫太郎新首相はソ連を仲介とした和平工作に踏み出す。空襲は激化し皇居正殿が炎上。松代大本営の建設が始まった……。証言で綴る歴史巨編第二巻。
205583-4

S-23-3
昭和史の天皇 3 本土決戦とポツダム宣言
読売新聞社 編
銃器が十分に配備できず、竹槍や弓までが武器として想定されていた本土決戦の内幕、東京ローズの悲劇を生んだ日米宣伝合戦、そしてポツダム宣言の衝撃。
205609-1

S-23-4
昭和史の天皇 4 玉音放送まで
読売新聞社 編
原爆、そしてソ連参戦。鈴木内閣はポツダム宣言受諾を決意する。それに対する陸海軍そして外務省の動きは？ 玉音放送に至る様々なドラマを活写。
205634-3

各書目の下段の数字はＩＳＢＮコードです。978－4－12が省略してあります。

S-24-1
日本の近代1　開国・維新　1853～1871　松本健一
太平の眠りから目覚めさせられた日本は否応なしに開国、そして近代国家への道を踏み出していく。黒船来航に始まる十五年の動乱、勇気と英知の物語。
205661-9

S-24-2
日本の近代2　明治国家の建設　1871～1890　坂本多加雄
近代化に踏み出した明治政府を待ち受けていたのは、一揆、士族反乱、そして自由民権運動といった試練であった。廃藩置県から憲法制定までを描く。
205702-9

S-24-3
日本の近代3　明治国家の完成　1890～1905　御厨　貴
明治憲法制定・帝国議会開設と近代国家へのスタートを切った日本は、内に議会と藩閥の抗争、外には日清・日露の両戦争と、多くの試練にさらされる。
205740-1

S-24-4
日本の近代4　「国際化」の中の帝国日本　1905～1924　有馬　学
「日露戦後」の時代。偉大な明治が去り、関東大震災がおき、帝国日本は模索しながらどこへむかおうとしたのか。大正デモクラシーの出発点をさぐる。
205776-0

S-24-5
日本の近代5　政党から軍部へ　1924～1941　北岡伸一
政治の腐敗、軍部の擡頭。時代は非常時から戦時へと移っていく。しかし、社会が育んだ自由な精神文化は戦後復興の礎となった。昭和戦前史の決定版。
205807-1

S-24-6
日本の近代6　戦争・占領・講和　1941～1955　五百旗頭真
日本はなぜ対米戦争に踏み切り、敗戦をどう受け入れたのか。国内政治の弱さを内包したまま戦後再生し、冷戦下で経済大国となった日本の政治の有様は。
205844-6

S-24-7
日本の近代7　経済成長の果実　1955～1972　猪木武徳
一九五五年、日本は「経済大国」への軌道を走り出す。日本人は何を得、何を失ったのか。高度経済成長期を現在の視点から遠近感をつけて立体的に再構成する。
205886-6

S-24-8
日本の近代8　大国日本の揺らぎ　1972～　渡邉昭夫
沖縄の本土復帰で「戦後」を終わらせた日本だが、石油危機、狂乱物価、日米貿易摩擦など、内外の試練をうけ続ける。経済大国の地位を築いた日本の行方。
205915-3